M

french vocabulary
noël saint-thomas
series editor
rosi mcnab

For over 60 years, more than 40 million people have learnt over 750 subjects the **teach yourself** way, with impressive results.

be where you want to be
with **teach yourself**

For UK order enquiries: please contact Bookpoint Ltd, 130 Milton Park, Abingdon, Oxon OX14 4SB. Telephone: +44 (0) 1235 827720, Fax: +44 (0) 1235 400454. Lines are open 9.00–18.00, Monday to Saturday, with a 24-hour message answering service. You can also order through our website www.madaboutbooks.com.

For USA order enquiries: please contact McGraw-Hill Customer Services, P.O. Box 545, Blacklick, OH 43004-0545, USA. Telephone: 1-800-722-4726. Fax: 1-614-755-5645.

For Canada order enquiries: please contact McGraw-Hill Ryerson Ltd, 300 Water St, Whitby, Ontario L1N 9B6, Canada. Telephone: 905 430 5000. Fax: 905 430 5020.

Long renowned as the authoritative source for self-guided learning – with more than 30 million copies sold worldwide – the *Teach Yourself* series includes over 300 titles in the fields of languages, crafts, hobbies, business, computing and education.

British Library Cataloguing in Publication Data
A catalogue entry for this title is available from The British Library.

Library of Congress Catalog Card Number: On file

First published in UK 2003 by Hodder Headline Plc., 338 Euston Road, London, NW1 3BH.

First published in US 2003 by Contemporary Books, a Division of The McGraw-Hill Companies, 1 Prudential Plaza, 130 East Randolph Street, Chicago, Illinois 60601 USA.

The 'Teach Yourself' name is a registered trade mark of Hodder & Stoughton Ltd.

Typeset by Transet Limited, Coventry, England.
Printed in Great Britain for Hodder & Stoughton Educational, a division of Hodder Headline Ltd, 338 Euston Road, London NW1 3BH by Cox & Wyman Ltd, Reading, Berkshire.

Impression number   10 9 8 7 6 5 4 3 2 1
Year   2008 2007 2006 2005 2004 2003

contents

There have been many studies carried out into the way we learn vocabulary. The Swiss, who are generally acknowledged as experts in multi-language learning, are also leaders in the understanding of the processes of language acquisition and some of their findings may be of interest to people wanting to broaden their vocabulary.

> Studies have shown that the most successful way [of learning vocabulary] is when the student is able to relate the new word to a concept and to integrate it into a conceptual system.
>
> (Wokusch, 1997)

Put simply this means that the most successful way of learning vocabulary is to put the new language into a context.

When a child first learns a language they are learning the concepts as well as the language at the same time. If you give a child an ice cream and say 'ice cream' they are learning the word and the concept at the same time, associating the word and the object. An adult has the advantage of already having the concept. An ice cream already conjures up other words: cold, vanilla, strawberry, like, don't like, size, price, etc.

Similarly if you decide to learn about a computer or a car you probably already know the parts or expressions you want to learn and can visualize them before you meet the word. In fact you already have the 'concept' and you can 'place' the new words within that concept.

It is for this reason that the vocabulary in this book has been given in context rather than, as in a dictionary, in alphabetical order. The words have been chosen as the words most likely to be useful or of interest to the learner.

One of the most useful tips in learning a new language is to look for ways of remembering a word: find a 'hook' to hang your new word or phrase on.

How this book works

This book is more than just a list of words – it is a key to open the door to better communication. It is designed to give you the confidence you need to communicate better in French by increasing your knowledge of up-to-date vocabulary and at the same time showing you how to use the new words you are learning.

The first part of the book includes some useful learning tips, rules on pronunciation and shortcuts to look out for when learning new words. The toolbox provides you with the tools you need to speak a language. It includes basic information about the structure of the language and useful tips, including how to address people, how to ask questions, how to talk about what you have done and what you are going to do, useful expressions, and shortcuts to language learning. This part of the book is designed to be used for general reference.

The main part of the book is divided into topic areas: personal matters, family, work, education, etc. The selected words are the ones which our research has shown are the ones which are likely to be the most useful or most relevant to the learner of today. The words have been carefully arranged, grouped with other related words, nouns, verbs, adjectives etc. and useful expressions with up-to-date notes about language fashions where relevant, so that the new language can be used immediately.

This book uses the French convention (in French text) of preceding punctuation marks such as '?' or '!' with a space. See p. 35 for more information.

Make learning a list of words more interesting

Remember that words don't 'hang' in the air, empty, meaningless. Words express the world in which we live. Hence, one sure way of remembering words is to relate them to the real – or intangible – objects that they express, and to link them to the situations in which they will appear.

- First, decide which list you are going to look at today. To increase your chances of memorizing them, choose words that correspond to your present mood or state of mind. Language is intrinsically dependent on emotions, affectivity, moods.
- See how many words you know already: either tick them off, or use them as 'locomotives' for others, linking a known word to one that you have decided to learn.
- Choose which new words you want to learn. However, don't try to learn too many at once! A Japanese study has shown that one must learn and forget words seven times on average before knowing them.
- Count them so you know how many you are going to try to learn.
- Say them aloud, or even *sing* them, if you are musically inclined. Tune/word association works wonders for the memorization process.

Remembering new words

- Copy a list of the most important words onto A4 paper with a broad felt tip; and stick it on the wall so that you can study it when, for example, washing up, ironing, shaving, or putting on make-up.
- Remember: words express reality, they are not 'empty'! Bring them to life! For example, visualize in your mind the green-lit exit sign used in public places, and replace the word 'exit' with **sortie**, or 'emergency exit' with **sortie de secours**.
- One **great way** to associate words with the objects they represent (as long as the objects are tangible) is to affix post-it stickers on these objects, bearing the name, in French, of the object. At one point, when I was learning French, my bathroom looked like an auctioneer's warehouse, filled with objects labelled in French!
- Play out – rehearse, in other words – a situation that you are going to experience: going to buy a newspaper, for example, or asking the concierge to keep a key for a friend who will arrive when you're at work.
- Copy lists in French and English in two columns, in a notebook. First, say each word aloud, then cover up one column, and try to remember each word in the other column.

- In your list, mark the difficult words: ask someone else to test you on the ones you have marked.
- Pick a few words you find difficult to remember: write each one down with the letters jumbled up; leave them for a while, then later try to unscramble each one.
- See if you can split the word into bits, some of which you know already: **super marché, hyper marché**.
- Look for words related to ones you know already: **jupe** (*skirt*), **jupon** (*underskirt*); **un magasin** (*a shop*), **un magasin de chaussures** (*a shoe shop*).
- Look for words related to English words, remembering that about 50 per cent of English vocabulary comes from the French, as a result of the Norman conquest and subsequent occupation of England in the 11th and 12th centuries. Go for it: you have a 50 per cent chance of being right! Also, as French originates in great part from Latin, this latter influence is felt in both French and English: **maternel** (*maternal*), **sporadique** (*sporadic*), **diffamation** (*defamation*), **ponton** (*pontoon*), etc. However, you need to be aware that the original word may not have retained an identical meaning throughout the centuries on both sides of the Channel. For example, *to seduce* has taken on a strong, physical meaning in modern English, whereas in French, **séduire** corresponds to the English *to charm*.
- The following prefixes added to the beginning of a word cause it to have the opposite or negative meaning:

  dis- **apparaître** (*to appear*), **disparaître** (*to disappear*)
  mal- **honnête** (*honest*), **malhonnête** (*dishonest*)
  im-   **possible** (*possible*), **impossible** (*impossible*)
  in-   **tolérant** (*tolerant*), **intolérant** (*intolerant*)
  in-   **supportable** (*bearable*), **insupportable** (*unbearable*)
  il-   **lisible** (*legible*), **illisible** (*illegible*)

Note that the prefix **in-** in French changes into **im-** before a **p** and a **b**. The pronunciation, however, does not change!

Spelling tips

These don't always work but may help!

- Words with a vowel followed by an -st combination in English will often have a vowel with a circumflex followed by a **t**: *forest* – **forêt**; *mast* – **mât**; *August* – **août**; *honest* – **honnête**.

- A word in English will have 'dropped' all accents, whereas the same French word will have retained them. Do not forget them, otherwise the word is unpronounceable! For example, *desuetude* – la **désuétude**; *independence* – l'**indépendance**; *revolution* – **révolution**; *desert* – le **désert**.
- Words which begin with **con-, dis-, im-, in-, re-, sub-** in French usually begin in the same way in English; words beginning with **des-** in French also begin with **dis-** in English
- Many words have similar endings in French and in English:
    -**able** and -**ible** in French usually have the same ending in English, but are sometimes interchangeable, for example, **responsable** *(responsible)*
    -**ité** in French is usually -*ity* in English: la **faisabilité** *(feasibility)*
    -**ude** in French is often -*(i)(n)ty* in English: la **certitude** *(certainty)*
    -**isme** in French is usually -*ism* in English: le **réalisme** *(realism)*
    -**tion** in French is usually -*tion* in English: la **résolution** *(resolution)*
- Note that words derived from a noun, e.g. impression – impressionism, will double, in French, the final consonant of the original word: **une impression** – l'**impressionnisme**; le **rabais** – **rabaisser**; la **saison** – la **saisonnalité**.
  In the same manner, words that are built around an original noun will double the first consonant of the original word. le **couple** – l'**accouplement**; **proche** – **approcher**; la **table** – s'**attabler**.

Short cuts: looking for patterns

Certain patterns reveal some important facts about the type of word:

- most nouns in French ending in -**ot** and -**eau** are masculine, le **tarot**, le **taureau**, le **tableau**, le **trot**
- most words in French ending in -**ie** are feminine: la **furie**, la **bouillie**, la **colonie**
- most words ending in -**ier**, -**et**, and -**ien** are masculine: le **charcutier**, le **tiret**, le **maintien**
- words ending in -**ssion**, -**tion**, -**ité** and -**tude** are feminine: la **digression**, la **révolution**, la **réalité**, la **solitude**.

Other patterns can be seen in French which are similar to those in English. For example:

- words ending in -**ment** (adverbs) are similar to English words ending in -*ly*, such as **rapidement** (*rapidly*); **normalement** (*normally*). As you can see, in both French and English the adverbs are based on adjectives, in this case **rapide** (*rapid*), **normal** (*normal*) with the endings -**ment** and -*ly* added.

The alphabet

Here is the English alphabet with the approximate French pronunciation of each letter – useful if you need to spell your name or any other words out loud. The names in brackets after each French pronunciation are sometimes used for spelling out loud instead of the name of the letter. For example, to spell out 'Jean', you may say 'j'y – eux – ah – enne' or 'Joseph – Eugène – Anatole – Nicolas'.

A   **ah** ... comme Anatole
B   **bé** ... comme Berte
C   **cé** ... comme Célestin
D   **dé** ... comme Désiré
E   **eux** ... comme Eugène
F   **eff** ... comme François
G   **j'ai** ... comme Gaston
H   **ahsh** ... comme Henri
I   **ee** ... comme Irma
J   **j'y** ... comme Joseph
K   **kah** ... comme Kléber
L   **elle** ... comme Louis
M   **emm** ... comme Marcel
N   **enne** ... comme Nicolas
O   **oh** ... comme Oscar
P   **pé** ... comme Pierre
Q   **ku** ... comme Quintal
R   **erre**... comme Raoul
S   **ess** ... comme Suzanne
T   **té** ... comme Thérèse
U   **u** ... (as in **du**) comme Ursule
V   **vé** ... comme Victor
W   **doubl'vé** ... comme William
X   **eeks** ... comme Xavier
Y   **ee grec** ... comme Yvonne
Z   **zed** ... comme Zoé

You may hear a number of letters that you are not familiar with, such as:

ê	e accent circonflexe, as in **extrême**
è	e accent grave, as in **la crème**
é	e accent aigu, as in **le café**
ç	c cédille, as in **français**
î	i accent circonflexe, as in **la crème fraîche,** or in **une île**
ô	o accent circonflexe, as in **la Côte d'Azur**
û	u accent circonflex, as in **la sûreté**
ù	u accent grave, as in **où**
â	a accent circonflexe, as in **la pâte**
à	a accent grave, as in **là-bas**
œ	o e collés, also spelt **e dans l'o**

Here are some other words and phrases you may need when spelling things out:

capital m	m majuscule
small c	c minuscule
in one word	en un seul mot
in two words	en deux mots
next word	plus loin
apostrophe	apostrophe
'at' symbol (@)	arobase
hyphen	trait d'union
dot (.)	point
dash	tiret
underscore	souligner
on the web	sur l'internet
website	adresse internet
www.	w w w point *or* trois w point
(forward) slash	barre

Pronunciation

If you wish to speak French with a good accent, the following tips will be useful.

- In French, the same vowel sound may be written in different ways. The sound o may be written: **eau, au, aud, aut, ault, eaux, aux, ô, ot,** etc. The sound é may be written: **é, er, et, ée, ées, és.** The sound è may be written: **è, e** before a double consonant + e -(**ette, -esse**), **ai, ais, ait, et.**

- Final consonants are not pronounced. For example, in **un croissant**, and **deux croissants** neither the **t**, nor the **s** in the plural, are pronounced.
- **H** is never pronounced.
- **G** followed by **e** or **i** is soft, as in the English J: **le geai, la gigue**; **g** followed by **a** or **o** is hard, as in the English *grant*: **le gant, la gorge**; **g** followed by **u** is hard: **la guerre, le gui**.
- the same principles apply to **c**: **c** + **e** = **se**, **c** + **i** = **si**: **le cerneau, la ciboulette**; **c** + **a** = **ka**, **c** + **o** = **ko**: **le cargo, le cône**; **c** + **u** + **e** = **ke**, **c** + **u** + **i** = **kui**: **la cueillette, la cuiller**. The presence of the cedilla – **ç** – makes the **c** soft: **le garçon**.

Stress and melody

Unlike English, where words are stressed individually and on different syllables depending on the words, in French one cannot speak strictly of word stress. At most, every syllable in a word is stressed – or unstressed, for that matter – equally. Rather, the stress bears on the whole sentence: the *last* syllable of the *last* word bears the stress. For example, if you say 'Pierrot', the second – and last – syllable of the word is stressed. If you say 'Pierrot est là', 'là' is the stressed word.

In French, the voice rises towards a comma, but falls towards the end of a statement. It rises towards the end of a question asking for a 'yes' or 'no' answer, and descends in a question starting with an interrogation conjunction, such as 'when', 'where', etc.

A useful method of developing one's pronunciation is to listen to French as often as possible, on the radio, at the cinema, on television, or in the street.

- Take a small portable cassette player and some blank cassettes every time you go to France or another French-speaking country. Try recording from the local radio, or even people speaking ... though you ought to ask their permission first!
- In some parts of the UK, especially in the south, you can sometimes pick up French radio: try playing around with your tuner, and if you find a French radio station, try to record some French.
- If you have French-speaking friends, ask them to make recordings for you, perhaps sending you messages with their family news, or giving their views on topics of interest to you.
- If you have satellite TV, see if you can also receive French

radio, and, if not, talk to your local TV shop to ask if it is worth re-tuning your satellite equipment.

- If you have Internet access, try to find French radio broadcasts via the Internet. Most radio stations nowadays have a website. By doing this you will be able to listen to different accents, not only the French ones, but also the Québec ones, the Belgian ones, the French-African ones, and so on!

- Once you have some recordings, listen to them as often as possible. Repeat what you hear, imitating the sounds, a little as if you were rehearsing of a play.

- When speaking directly with French people, ask them to correct your pronunciation when possible.

- You may also wish to go and have lunch in Lille, or Paris, making use of the cheap day-return tickets available on the Eurostar!

toolbox

Nouns

Singular vs. plural

The plural of most nouns is formed by the addition of a final s,
that you do not pronounce as it is there for grammatical reasons
only. It may influence the pronunciation in cases when the plural
noun is followed by an adjective starting with a vowel:

un passeport étranger   des passeports étrangers
(pronounce: zétrangers)

There are some exceptions, naturally, but these will be indicated
in any good dictionary:

un hibou	des hiboux
un journal	des journaux
un jeu	des jeux

Some nouns – most of which are feminine – are always plural:

les arrhes	*deposit*
les fiançailles	*engagement*
les funérailles	*funeral*

Some nouns change both spelling and pronunciation in the
plural:

un œuf	des œufs
un bœuf	des bœufs
un œil	des yeux

Gender

French has two genders – the masculine and the feminine.

There is no definite rule in relation to gender – in other words, one cannot say about any noun 'this noun is feminine because …', 'this noun is masculine because …'.

However, some broad indications may be of help:

- the 'reality rule': nouns that refer to an element of reality that is feminine or masculine are equally, in most cases, feminine or masculine in their lexical gender.

  Thus all nouns that designate a status that may be acquired solely by a boy / a man / a male animal are masculine:

a cousin (male)	un cousin
an uncle	un oncle
a father	un père
a stallion	un étalon

  All nouns that designate a status that may be acquired solely by a girl / a woman / a female animal are feminine:

a cousin (female)	une cousine
an aunt	une tante
a mother	une mère
a cow	une vache

- Nouns referring to an occupation: if the occupation is held by a male person, the noun will be masculine:

  un architecte, un maçon, un préparateur en pharmacie

  If the occupation is held by a female person, the noun will be feminine:

  une architecte, une maçonne, une préparatrice en pharmacie

- the 'euphony rule': this refers to the way the language sounds and flows. The ending of a word will be characterized as 'sounding masculine', or 'sounding feminine'. Anyone with a musical ear will hear it spontaneously, anyone who does not think that he/she has a musical ear will soon be able to hear it.

- Nouns that sound feminine: nouns ending in **-ette**, **-elle**, **-enne**, **-ière**, **-esse**, **-ine**, **-oire**, **-trice**, **-ance**, **-ade**, are usually feminine. The following nouns, one argues, sound feminine. They 'bounce', so to speak:

une bouilloire	*kettle*
une benne	*skip*
une voisine	*neighbour*
une théière	*teapot*

- Nouns that sound masculine: nouns ending in **-eur**, **-et**, **-ent**, **-emps**, **-ier**, **-in**, **-oir**, **-eau**, are usually masculine. They do not 'bounce' as the feminine nouns, one may argue:

un entrepreneur	*builder / property developer*
un cabinet	*cupboard / firm (legal, consultancy)*
un changement	*change*
un lavoir	*washhouse*
un rateau	*rake*

- All nouns in **-ssion**, **-tion**, **-sion**, are feminine.
  la révolution (*think French Revolution, 1789!*), la passion, la fusion
- Some nouns can be feminine or masculine, depending on their meaning:
  le vase   la vase
  le moule   la moule
  le somme   la somme
- If you are not sure of the gender of a noun, just use the one or the other – it will not, except possibly in very rare cases where it could lead to amusing *quiproquos*, impair communication. And if you have chosen the wrong one, your interlocutor will let you know.

Articles / determiners

	the	**a**
masculine singular	le	un
feminine singular	la	une
plural	les	des

le marathon	*marathon*	un éléphant	*elephant*
la direction	*direction / management*	une souris	*mouse (including for the computer)*
les embouteillages	*traffic jams*	des usines	*factories*

	this
masculine singular	ce/cet
feminine singular	cette
plural	ces

ce rêve, cet aspect	*this dream, this aspect*
cette concoction	*this concoction*
ces impressions	*these impressions*

	my	**your**	**his/her***	**our**	**your**	**their**
masculine singular	mon	ton	son	notre	votre	leur
feminine singular	ma	ta	sa	notre	votre	leur
plural	mes	tes	ses	nos	vos	leurs

* his/her in French remains the same, as the possessive pronoun **ma/mon** agrees with the noun possessed, not with the possessor:

mon bureau; ma valise.

mon chéquier *my chequebook*	ton fils *your son*	son amant *his/her lover*	notre Père, qui êtes aux cieux, … *our Father in* *heaven …*	votre véhicule *your vehicle*	leur univers *their* *universe*
ma carte de crédit *my credit card*	ta fille *your* *daughter*	sa maîtresse *his mistress*	notre villa *our villa*	votre voiture *your car*	leur approche *their* *approach*
mes impôts *my taxes*	tes enfants *your* *children*	ses admirateurs *his / her* *admirers*	nos émotions *our emotions*	vos impératifs *your* *imperatives*	leurs intentions *their* *intentions*

Note: le and **la** become **l'** when used in front of nouns which begin with a vowel or silent **h**:

l'éternité *eternity* l'apparition *apparition*
l'hôpital *hospital* l'habitude *habit*

Verbs – infinitives and present tense

The infinitive is the 'name of the verb'. It is the part of the verb you find when you look one up in the dictionary. In English it is always preceded by *to* (*to go* / *to eat*). In French, it usually ends in **-er**, **-ir**, or **-re**.

In French, the ending of the verb changes according to the subject. Thus, *I eat*: *I* is the subject, *eat* is the verb form that goes with *I*; **Je mange**: **je** is the subject, and **mange** the verb form that goes with **je** – it is different from **manger**, the infinitive.

Pronouns

singular		plural	
I	je	*we*	nous
you	tu	*you*	vous
he/she/one	il/elle/on	*they*	ils/elles

Remember: **vous** is the pronoun to use to address someone formally as well as to address a group of people.

aller *to go*

je vais	nous allons
tu vas	vous allez
il/elle/on va	ils/elles vont

être *to be*

je suis	nous sommes
tu es	vous êtes
il/elle/on est	ils/elles sont

avoir *to have*

j'ai	nous avons
tu as	vous avez
il/elle/on a	ils/elles ont

faire *to do, to make*

je fais	nous faisons
tu fais	vous faites
il/elle/on fait	ils/elles font

venir *to come*

je viens	nous venons
tu viens	vous venez
il/elle/on vient	ils/elles vont

Here are 25 of the most commonly-used verbs:

to *answer*	répondre, je réponds
to *arrive*	arriver, j'arrive
to *ask*	demander, je demande
to *be able to, can*	pouvoir, je peux
to *bring*	apporter, j'apporte
to *call*	appeler, j'appelle
to *cancel*	annuler, j'annule
to *find*	trouver, je trouve
to *forget*	oublier, j'oublie
to *go in, enter*	entrer, j'entre
to *go out*	sortir, je sors
to *have to, must*	devoir, je dois
to *know*	savoir, je sais
to *leave*	quitter, je quitter
to *look for*	chercher, je cherche
to *need*	avoir besoin de, j'ai besoin de
to *put*	mettre, je mets
to *regret*	regretter, je regrette
to *remember*	se rappeler, je me rappelle
to *reserve*	réserver, je réserve
to *see*	voir, je vois
to *send*	envoyer, j'envoie
to *take*	prendre, je prends
to *want*	vouloir, je veux
to *write*	écrire, j'écris

For a table of irregular verbs see pp. 37–39.

Talking about the past

In French, the tenses that are most used to talk about the past are the perfect, the imperfect, and the pluperfect. The past historic is reserved to written French and used nowadays exclusively in the third persons singular and plural.

The perfect tense – consisting of an auxiliary verb, **être** or **avoir**, and a past participle – is used to talk about something that happened in the past at a specific time, i.e. a segment of time that can be identified.

The imperfect tense, on the other hand, cannot be circumscribed in time – it serves the purpose of giving information, describing, 'setting the scene' and, in a specific use, of telling of something that used to be or used to happen – the equivalent the English 'would'.

The pluperfect is used to establish a chronology of events, exactly as in English.

> *We had left early and jumped on the first boat.*   Nous étions partis tôt et avons sauté dans le premier bateau.

The perfect tense   *le passé composé*

avoir or être + past participle

e.g. with **avoir**   nous avons dîné dehors   *we went out for dinner*
     with **être**   nous sommes rentrés tard   *we came back late*

Verbs with *avoir*

The majority of French verbs take **avoir**. Here are some of the most common ones:

to answer   répondre
J'ai répondu aussi rapidement que possible.   *I answered as quickly as I could.*

to ask   demander
Nous avons demandé l'addition.   *We asked for the bill.*

to attend   assister à
Aujourd'hui, j'ai assisté à trois conférences.   *Today, I attended three lectures.*

to buy   acheter
Il a acheté le dernier de la série.   *He bought the last in the series.*

to complete   remplir
Vous avez rempli le formulaire ?   *Did you complete the form?*

to do/make   faire
Elle a fait ce qu'elle a pu.   *She did what she could.*

to drink   boire
J'ai trop bu.   *I had too much to drink.*

to eat   manger
Elles ont mangé ensemble à midi.   *They ate together at lunchtime.*

to hear   entendre
Vous avez entendu ?   *Did you hear?*

to listen   écouter
Il a écouté leurs récriminations sans sourciller.   *He listened to their recriminations without raising an eyebrow.*

to read lire	
Ils ont tout lu.	*They read everything.*
to say dire	
Nous avons dit ce que nous pensions.	*We said what we thought.*
to sleep dormir	
On a dormi dans mon lit !	*Someone slept in my bed!*
to take prendre	
Vous avez déjà pris vos vacances ?	*Did you already take a holiday?*
to talk parler	
Ils ont parlé toute la nuit.	*They talked all night long.*
to think penser	
J'ai pensé qu'il pourrait venir avec nous.	*I thought that he could come with us.*
to write écrire	
Nous avons écrit à notre député.	*We wrote to our MP.*

Verbs with *être*

Not many verbs take **être**; those that do are called 'perfective verbs', as they express both a process and a result (with the exception of **aller** *to go*). The action expressed by a verb that takes **être** cannot be undertaken indefinitely. For example, **monter – je suis monté(e) le voir.** *I went up to see him.* One cannot possibly go up and up and up and up, etc. *To go up* expresses the action of moving up, the result being at a higher level in space.

to go aller	
Je suis allé(e) passer le week-end à Paris.	*I went to Paris for the weekend.*
to arrive arriver	
Nous sommes arrivé(e)s !	*We are here! (literally: we have arrived)*
to leave partir	
Il est parti vers trois heures.	*He left at around three o'clock.*
to go up monter	
Vous êtes monté(e)(s) jusqu'à la terrasse.	*You went up to the terrace.*
to go down descendre	
Je suis descendu(e) par la façade est.	*I went down the East wall.*

to come   venir
Nous sommes venu(e)s   *We came at once.*
   aussitôt.

to enter   entrer
Elle est entrée au couvent.   *She joined a convent.*

to exit / go out   sortir
Je suis sorti(e) un quart   *I went out for a quarter of*
   d'heure.   *an hour.*

In addition, the reflexive verbs take **être**. A reflexive verb also uses the personal pronoun and may mean 'oneself' – **Je me suis douché(e)**, *I showered* – or it may refer to a mutual action – **nous nous sommes parlé au téléphone**, *We spoke on the telephone.*

to enjoy oneself   s'amuser
Je me suis amusé(e)   *I enjoyed myself like I*
   comme jamais !   *never did!*

to wake up   se réveiller
Nous nous sommes   *We woke up late.*
   réveillé(e)s en retard.

to get up   se lever
Vous vous êtes levé(e)(s)   *You got up before the*
   avant la présidente.   *chairwoman.*

to fall asleep   s'endormir
Tu t'es endormi(e) à la moitié *You fell asleep halfway through*
   de sa présentation.   *his/her presentation.*

to sit down   s'asseoir
Elle s'est assise au bout   *She sat down at the end*
   du rang.   *of the row.*

to get rid of   se débarrasser
Il s'est débarrassé de ses   *He got rid of his*
   préjugés.   *prejudices/preconceptions.*

to have/show an interest in   s'intéresser à
Elles se sont particulièrement *They showed a particular*
   intéressées à son témoignage.   *interest in his/her statement.*

to expect   s'attendre à
Nous nous sommes   *We expected the worst.*
   attendu(e)s au pire.

to expand/to lie down   s'étendre
Vous vous êtes trop étendu(e)(s) *You expanded too much*
   sur la question.   *on the matter.*

to get on / to agree   s'entendre
Ils se sont entendus sur un   *They agreed on a precise*
   calendrier de travail précis.   *working agenda.*

The imperfect tense *l'imparfait*

The conjugation of the imperfect tense is as follows:

aimer *to love*	
j'aimais	nous aimions
tu aimais	vous aimiez
il/elle aimait	ils/elles aimaient

I was	j'étais
I had	j'avais
I had to	je devais
I could	je pouvais
It was raining	il pleuvait
It was hot/cold	il faisait chaud/froid
I was drinking	je buvais
I was talking	je parlais
I was eating	je mangeais
I was working / I would work	je travaillais
I was going / I would go	j'allais
I was living	j'habitais *or* je vivais
I was thinking / I would think	je pensais
I was reading / I would read	je lisais
I was spending / I would spend	je passais *or* je dépensais

Talking about the future

As in English, there are, in French, two tenses to express the future: the future (**le futur**) and the near future (**le futur proche**).

The future tense expresses events/actions that will most probably take place and the near future expresses events/actions that are about to take place and/or intentions.

The future: infinitive + ending

aimer *to love*	
j'aimerai	nous aimerons
tu aimeras	vous aimerez
il/elle aimera	ils/elles aimeront

I will definitely be there.	J'y serai sans faute.
I will take the nine o'clock train.	Je prendrai le train de 9 heures.

Will you be all right?	Ça ira ?
Will you fly or take the train?	Vous viendrez en avion ou en train ?
How will you go?	Comment irez-vous ?
Will you pick me up?	Vous viendrez me chercher ?
Will you be finishing late?	Vous finirez tard ?

The near future: going to + infinitive = *aller* + infinitive

partir *to leave*	
je vais partir	nous allons partir
tu vas partir	vous allez partir
il/elle va partir	ils/elles vont partir

Are you going to come with us?	Allez-vous venir avec nous ?
I am going to work until nine o'clock.	Je vais travailler jusqu'à neuf heures.
They are going to leave the country.	Ils/elles vont quitter le pays.
I am going to phone him/her.	Je vais lui téléphoner.
I am going to tidy up my office.	Je vais ranger mon bureau.

The conditional

The conditional is formed using the infinitive and adding the endings of the imperfect tense:

aimer *to love*	
j'aimerais	nous aimerions
tu aimerais	vous aimeriez
il/elle aimerait	ils/elles aimeraient

The conditional:

• replaces the future tense after the past tense:

I know that you will succeed. (present + future) =
I knew that you would succeed. (past tense + conditional)
Je sais que tu réussiras. (futur) = je savais que tu réussirais. (conditionnel)

- is used to express politeness: *I would like* rather than *I want*.
- is used to express a hypothetical reality subject to a condition:

If I were rich, I would take a week's holiday every month.
Si j'étais riche, je prendrais une semaine de vacances par mois.

to like: I would like	j'aimerais
to prefer: I would prefer	je préfèrerais
to appreciate: I would appreciate	j'apprécierais
to be able to : I would be able to …	je pourrais
to go: I would go	j'irais
to have: I would have	j'aurais
to be: I would be	je serais
to do: I would do	je ferais
to take: I would take	je prendrais

The subjunctive

This is not a tense, but a mood: in effect, it does not express time. The mood in charge of expressing time (**Chronos**) is the indicative mood with all its tenses (see above, present, perfect, imperfect, future).

The subjunctive is used after a number of conjunctions (set usage), after 'il faut que' and after a certain number of verbs expressing opinions (i.e. the self / one's subjective opinions / feelings, hence its name: the subjunctive). It is further used in relative clauses that qualify one's desired/wished expectation.

The subjunctive is formed by using the root of the third person plural – *they* – in the present tense and adding the present tense ending for the three persons singular and the third person plural:

prendre   *to take*   ils prennent → prenn + e, -es, -e, -ent

The first two persons plural – *we, you* – are formed using the root of the first person plural in the present tense and adding the endings of the imperfect tense.

prendre   *to take*   nous prenions → pren + -ions, + -iez

prendre *to take*	
que je prenne	que nous prenions
que tu prennes	que vous preniez
qu'il/qu'elle prenne	qu'ils/qu'elles prennent

The conjugation of the subjunctive is given with 'que' as it rarely functions on its own – it must follow a conjunction or a verb.

Another form of the subjunctive is the 'past subjunctive', formed using **être** or **avoir** – as for the perfect tense – in the subjunctive and adding the past participle:

- with **être**: Je veux que vous soyez rentrés avant la nuit.
  I want you to be back home before dark.
- with **avoir**: Ils regrettent que vous n'ayez pu venir à cette soirée.
  They regret that you could not come to the evening.

Être

que je sois	que nous soyions
que tu sois	que vous soyiez
qu'il *ou* qu'elle soit	qu'ils *ou* qu'elles soient

Avoir

que j'aie	que nous ayions
que tu aies	que vous ayiez
qu'il *ou* qu'elle ait	qu'ils *ou* qu'elles aient

The main conjunctions followed by the subjunctive are as follows:

bien que / quoique	*although*
avant que	*before*
jusqu'à ce que	*until*
afin que / pour que / de sorte que	*so that*
à moins que	*unless*
pourvu que	*hopefully*
en supposant que	*supposing that*
il faut que	*it is necessary to*

- after verbs expressing opinions, desires, expectations:

exiger que	*to demand that*
craindre que	*to fear that*
ordonner que	*to order that*
désirer que	*to desire that*
vouloir que	*to want that*
penser que	*to think that*

- in a relative clause that qualifies one's expectation:

They are looking for a house in which they may truly feel at home.	Ils cherchent une maison dans laquelle ils puissent vraiment se sentir chez eux.

Negative expressions

How to say you don't do/like/remember, etc. something

ne ... pas

I don't like ...	Je n'aime pas ...
I don't eat meat.	Je ne mange pas de viande.
My friends don't have a car.	Mes amis n'ont pas de voiture.
I cannot ride a bicycle.	Je ne sais pas faire de vélo.
I don't watch television.	Je ne regarde pas la télévision.
I don't smoke.	Je ne fume pas.
Have you got any?	Tu en as ?
No I haven't.	Non, je n'en ai pas.
Haven't you seen a doctor?	Tu n'as pas vu de médecin ?
No, I couldn't get an appointment.	Non, je n'ai pas réussi à avoir de rendez-vous.
Didn't you get to the bank?	Tu n'es pas passé(e) à la banque ?
No, it wasn't open yet.	Non, elle n'était pas encore ouverte.
Didn't you speak to him?	Tu ne lui as pas parlé ?
Didn't you see your friend?	Tu n'es pas allé(e) voir ton ami(e) ?
No, he / she wasn't in.	Non, il / elle n'était pas chez lui / elle.
Yes, of course I did.	Si, bien sûr.

One uses 'si' instead of 'oui' to answer a negative question affirmatively.

ne ... rien

I don't do anything.	Je ne fais rien.
I haven't got anything.	Je n'ai rien.

ne ... personne

I don't know anyone.	Je ne connais personne.
I haven't seen anyone.	Je n'ai vu personne.
No one goes to that shop.	Personne ne va dans ce magasin.
Didn't you book a table?	Vous n'avez pas réservé de table ?
No, they didn't answer the phone.	Non, personne ne répondait.

ne ... jamais

I have never been to Paris.	Je ne suis jamais allé(e) à Paris.
He has never eaten snails.	Il n'a jamais mangé d'escargots.
We have never seen the film.	Nous n'avons jamais vu ce film.

ne ... plus

I don't go there any more.	Je n'y vais plus.
I won't see him / her any more.	Je ne le / la reverrai plus.
I don't play any more.	Je ne joue plus.
Didn't you get some tickets for the show?	Tu n'as pas pris de billets pour le spectacle ?
No, there weren't any left.	Non, il n'en restait plus.

Don't ...!

No entry	Entrée interdite
No exit	Sortie interdite
No admission	Accès interdit
No smoking	Interdit de fumer
No dogs	Chiens non admis
Don't do it!	Ne fais/faites pas ça !
Don't eat it!	Ne mange/mangez pas ça !
Don't open the window.	N'ouvre/n'ouvrez pas la fenêtre.
Don't cross the road.	Ne traverse/traversez pas la rue.
... is not allowed/permitted.	c'est interdit.
Not drinking water	Eau non potable
Do not lean out of the window.	Ne pas se pencher par la fenêtre.
Do not try to step off once the train is moving.	Ne tentez pas de descendre du train une fois qu'il est en marche.
Private – Do not trespass	Propriété privée – Défense d'entrer

Interrogative – asking questions

Questions that will trigger a *no* or a *yes* answer

There are three possible ways to formulate a question in French:

1 The most formal method is to invert the verb and subject.

> Avez-vous la clef du portail ? *Have you got the key to the main gate?*

2 Use the structure **est-ce que**, which indicates a question.

> Est-ce que vous avez la clef du portail ?

3 The most informal method is to use the affirmative sentence, and raise one's voice at the end so as to make it sound like a question.

> Vous avez la clef du portail ?

Questions asking for information

Questions that ask for specific information are introduced by one of the following question words:

Who?	Qui ?	*How?*	Comment ?
When?	Quand ?	*How much?*	Combien ?
Where?	Où ?	*How many?*	Combien ?
Why?	Pourquoi ?	*How long?*	Combien de temps ?
What?	Que / qu' ?		

Adjectives

Remember that adjectives in French agree with the noun, both in terms of its gender and number.

- The mark of the feminine is a final **e**: **vert** + **e** = **verte** *green*

un thé vert	*a green tea*
une plante verte	*a green plant*

- If the adjective has already an **e** in the masculine, it remains the same: **alerte**

un homme alerte	*a fit man*
une femme alerte	*a fit woman*

- The mark of the plural is a final s: **argenté** + s = **argentés** *silvery*

| Un renard argenté | *a silver fox* |
| Des renards argentés | *silver foxes* |

- If the noun is both feminine and plural, the adjective takes both an **e** and an **s**:

| un conflit évident | *an obvious conflict* |
| des disputes évidentes | *obvious arguments* |

Generally adjectives tend to be placed after the noun. If they are placed before the noun, there is a reason for this, whether stylistic, poetic, or, in the case of some adjectives such as **beau**, **grand**, **long**, **petit**, and **vieux**, because this order is a set usage.

Some adjectives to describe people

tall / big	grand	*short*	petit
thin	mince	*fat*	gros / gras
happy	heureux	*unhappy*	malheureux
shy	timide	*loud*	bruyant
quiet	réservé	*outgoing*	ouvert
relaxed / laid back	relax	*stressed*	stressé
		considerate	attentionné
self-centred	égocentrique	*lazy*	paresseux
active	actif	*ugly*	laid
good looking	beau / séduisant	*ordinary*	ordinaire
outstanding	extraordinaire	*scruffy*	négligé / pas soigné
smart	chic / élégant	*naughty*	désagréable
well behaved	bien élevé	*rude*	grossier
polite	poli		

Some adjectives to describe things

old	vieux	*new*	neuf (*bought*)
			nouveau (*novelty*)
good	bon / bien	*bad*	mauvais / mal
cheap	bon marché	*expensive*	cher
fast	rapide	*slow*	lent
in good condition	en bon état	*damaged*	abîmé / endommagé
flimsy	branlant	*solid*	solide
rough	rêche	*smooth*	doux / égal
shiny	rillant	*matt*	mat

The comparative and the superlative

The comparative

more ... than	plus ... que
less ... than	moins ... que
as ... as	aussi ... que

more advantageous than	plus avantageux* que
less advantageous than	moins avantageux que
as advantageous as	aussi avantageux que

bigger than	plus grand/gros que
worse than	pire que
better than	meilleur/mieux que

*avantageux should agree with the noun.

The superlative

the most ...	le plus ...*
the most advantageous	le plus avantageux
the biggest	le plus grand/gros
the worst	le pire
the best	le meilleur/le mieux

*The adjective used should agree with the noun.

Colours and sizes

Colours

black	noir	grey	gris
blue	bleu	orange	orange
blue-grey	bleu-gris	pink	rose
pale blue	bleu pâle	salmon pink	saumon
light blue	bleu ciel	fuchsia	fuchsia
dark blue	bleu foncé	purple	violet
navy blue	bleu marine	mauve	mauve
royal blue	bleu roi	red	rouge
sapphire	bleu saphir	bright red	rouge vif
turquoise	bleu turquoise	scarlet	écarlate
brown	brun	burgundy	bordeau
dark brown	marron	white	blanc
green	vert	off white	blanc cassé
pale green	vert pâle	ivory	ivoire
dark green	vert foncé	cream	crème
olive green	vert olive	yellow	jaune
leaf green	vert tendre	buttercup yellow	jaune d'or
bottle green	vert bouteille		
khaki	khaki	beige	beige

Sizes

very small	tout petit	*wide*	large
small	petit	*narrow*	étroit
medium	de taille moyenne	*long*	long
large	grand	*short*	court
very large	très grand		

Adverbs

An adverb – as its name suggests – adds something to the verb:

to run (verb) + *quickly* (adverb) = *to run quickly*

Some adverbs exist 'in their own right', so to speak:

fast	vite	*very*	très
too much	trop	*well*	bien

The other adverbs are formed using the adjective and adding the ending -**ment** or -**ement** (except if the adjective ends in -**ant** or -**ent**, where the final -**nt** is replaced with -**mment**).

quickly	rapidement
slowly	lentement
immediately	immédiatement
completely	complètement
suddenly	soudainement
noisily	bruyamment
painfully	douloureusement
happily	heureusement
appropriately	correctement
economically	économiquement
relevantly	pertinemment
technically	techniquement
sadly	tristement / malheureusement
very	très
a little	un peu
more	plus
most	la plupart de
less	moins
rarely	rarement
occasionally	occasionnellement
frequently	fréquemment
sometimes	parfois

from time to time	de temps en temps
often	souvent
very often	très souvent
soon	bientôt
later	plus tard
afterwards	après
already	déjà
then	à cette époque-là
previously	précédemment
earlier	plus tôt

Numbers, days, dates and the time

Cardinal numbers

0 zéro	13 treize	32 trente-deux
1 un	14 quatorze	40 quarante
2 deux	15 quinze	50 cinquante
3 trois	16 seize	60 soixante
4 quatre	17 dix-sept	70 soixante-dix
5 cinq	18 dix-huit	80 quatre-vingts
6 six	19 dix-neuf	90 quatre vingt dix
7 sept	20 vingt	100 cent
8 huit	21 vingt et un	101 cent un
9 neuf	22 vingt deux	102 cent deux
10 dix	23 vingt trois	111 cent onze
11 onze	30 trente	112 cent douze
12 douze	31 trente et un	200 deux cents

300 trois cents	5 000 cinq mille
500 cinq cents	10 000 dix mille
1 000 mille	1 000 000 un million
2 000 deux mille	1 000 000 000 un milliard
2 100 deux mille cent	

i The convention for numbers in French is different from that in English: thus, where one finds a comma in English, e.g. 1,000, one will find a space in French, as above.

In decimals, where one will find a point in English, e.g. 4.50 GBP, one will find a comma in French: 4,50 livres sterling.

Ordinal numbers

first	premier / première
second	deuxième / second
third	troisième
fourth	quatrième
fifth	cinquième
tenth	dixième
21st	vingt-et-unième
half	demi
quarter	quart

Dates

century	un siècle
the 1970s	les années 1970
the 20th century	le XXe siècle
the 21st century	le XXIe siècle
millennium	un millénaire
the third millenium	le troisième millénaire
era	une ère
the year 2000	l'an 2000
next year	l'année prochaine
the following year	l'année suivante
last year	l'année passée/ dernière
the previous year	l'année précédente
the year before last	il y a deux ans
the year after next	dans deux ans

Days and months

Monday	lundi	*Friday*	vendredi
Tuesday	mardi	*Saturday*	samedi
Wednesday	mercredi	*Sunday*	dimanche
Thursday	jeudi		

January	janvier	*July*	juillet
February	février	*August*	août
March	mars	*September*	septembre
April	avril	*October*	octobre
May	mai	*November*	novembre
June	juin	*December*	décembre

Note that days and months do not take a capital in French (except at the start of a sentence).

Expressions of time

day	le jour	*month*	le mois
week	la semaine	*year*	l'an / l'année

If you are referring to the duration of a day, i.e. to all the hours that constitute it, then **la journée** will be used rather than **le jour**:

Have a good day!	Bonne journée!
yesterday	hier
the day before yesterday	avant-hier
today	aujourd'hui
tomorrow	demain
the day after tomorrow	après-demain
morning	le matin*
afternoon	l'après-midi
evening	le soir
night	la nuit
this afternoon	cet après-midi *or*
	cette après-midi (*both the masculine and the feminine can be used*)
tonight	ce soir
tomorrow afternoon	demain après-midi
yesterday morning	hier matin

*As with **le jour** above, **le matin** will be replaced by **la matinée** if you are referring to the specific hours that make up the morning:

J'ai travaillé toute la matinée   *I worked all morning*

The seasons

spring	le printemps	*autumn, or fall*	l'automne
summer	l'été	*winter*	l'hiver
spring like	printanier	*autumn like*	automnal
summer like	estival	*winter like*	hivernal

Time

second	une seconde
micro-second	une micro-seconde
nano-second	une nano-seconde
minute	une minute

i If someone is rushing you and you have already answered that yes, you were coming in a moment, you may, this time, say: **'Minute!'**, stressing both syllables in exasperation: **miiiii-nuuuuuuute !**

hour	une heure
half hour	une demi-heure
quarter of an hour	un quart d'heure
midnight	minuit
midday	midi
clock	la pendule
grandfather's clock	l'horloge

i Both **la pendule** and **l'horloge** may refer to the clock in a public place – city archgate, railway station, town hall, airport, etc.

watch	la montre
alarm clock	le réveil

Telling the time

Il est ... neuf heures	It is ... nine o'clock
neuf heures dix	ten past nine
neuf heures et quart	quarter past nine
neuf heures et demie	half past nine
dix heures moins vingt	twenty to ten
dix heures moins le quart	a quarter to ten
dix heures moins cinq	five to ten

As in English, the 12-hour clock is used for daily matters and for individual communication situations. In professional/business/transport/international dealings, the 24-hour is clock used; the *ante meridiem* (a.m.), *post meridiem* (p.m.) convention does not exist in French.

Quantity and quality

weight	le poids
height	la hauteur
length	la longueur
size	la taille
shoe size	la pointure

Weights and measures

kilo	un kilo
half a kilo	un demi-kilo
a pound	une livre
a litre	un litre
a metre	un mètre
a centimetre	un centimètre
a kilometre	un kilomètre
a pair	une paire
a dozen	une douzaine
half a dozen	une demi-douzaine
bottle	une bouteille
jar	un flacon
tin	une boîte de conserve
box	une boîte
pot	un pot
package	un paquet / un emballage
lots of	beaucoup de
little of	peu de
more of	plus de
une centaine de ...	approximately one hundred
une dizaine de ...	approximately ten

Exclamations, giving orders and being polite

Help!	Au secours ! / A l'aide !
Fire!	Au feu !
Watch out!	Attention !
Cheers!	Chin ! A votre santé !
Wait!	Attendez !
Stop!	Stop !
Listen!	Ecoutez !
Look!	Regardez !
Be careful!	Soyez prudent ! / Faites attention !

Giving orders

These examples are between people who know each other well – using the '**tu**' form.

Pass me a knife.	Donne-moi un couteau.
Fetch a glass.	Va chercher un verre.
Take the chocolates with you,	Emporte les chocolats,
if you wish.	si tu veux.
Please bring me my bag.	Apporte-moi mon sac,
	s'il te plaît.

> **i** Adding '**veux-tu**' at the end of the sentence is not as formal as '**s'il-te-plaît**', but softens an order that may sound a little abrupt on its own. For example, **Donne-moi un couteau, veux-tu ? Va chercher un verre, veux-tu ?**

Excuse me.	Excusez-moi.
Pardon.	Pardon. (*This is mostly used when one bumps into someone else.*)
I'm sorry.	Je suis désolé(e).
I didn't mean it.	Je ne l'ai pas fait exprès.
I do apologize.	Pardonnez-moi.
You're welcome.	Je vous en prie.

Accents and punctuation

Accents

When an accent appears, the name of the letter will be given first, followed by the accent.

ê = e accent circonflexe
ë = e tréma
é = e accent aigu
è = e accent grave

Punctuation

full stop	point
semi-colon	point-virgule
comma	virgule
colon	deux points

ellipsis (dot-dot-dot)	... points de suspension
exclamation mark	point d'exclamation
question mark	point d'interrogation
quotation marks	les guillemets
open quote	« ouvrez les guillemets
close quote	» fermez les guillemets
in quotes	entre guillemets
in brackets	entre parenthèses
open bracket	ouvrez la parenthèse
close bracket	fermez la parenthèse
hyphen	trait d'union
dash	tiret

> **i** The 'spacing convention' in French is different from the English. Any double punctuation sign, e.g. ; / ! / ? / ... will be preceded and followed by a space. Simple signs (. / ,) are not preceded by a space and are followed by a single space.

@	arobase
www.	w - w - w - point
small letter / lower case	minuscule
capital	majuscule
new sentence	nouvelle phrase
new paragraph	nouveau paragraphe

A paragraph, according to the formatting convention in French, starts with an indented line, called **alinéa**.

Vocabulary tips

With his victory in 1066 over Harold, William the Conqueror, Duke of Normandy, became King of England. He brought with him his court and learned scholars, who introduced writing to England which, until then, had worked within an oral tradition.

As a result, it is said that 50 per cent of English vocabulary comes from the French – originally from Norman, and Old French. Over the centuries, further words have 'shuttled' between the two countries and languages. Consequently, the great news is that you may guess at a word, and have a 50 per cent chance of getting it right!

Many words ending in **-tion** and **-sion** are the same in French and in English. And in most cases they have retained a similar, or part of their original, meaning. And they are all feminine!

Here follow some examples:

A	l'addition, l'admiration, l'anticipation
B	la bénédiction
C	la condition, la calculation, la compréhension, la continuation, la création
D	la domination, la définition, la démonstration, la dénonciation
E	L'elévation, l'évaluation, l'estimation
F	la fabrication, la formation
G	la génération, la germination
I	l'initiation, l'introduction, l'invitation
L	la limitation, la lévitation
M	la motivation
N	la nomination
O	l'opposition, l'opinion
P	la production, la participation, la passion
Q	la question
R	la rénovation, la réunion, la réservation, la relation
S	la simplification
T	la traction
U	l'union, l'unification
V	la vérification, la vision

The following are, in current, common usage, 'false friends' – **des faux-amis**. They may, in some instances, have the same meaning in specialist or technical fields [examples given in square brackets].

la confection	*ready-to-wear industry*
la déviation	*diversion in roadworks* (note: from deviate)
la formation	*education and training* [geological formation]
la fabrication	*manufacturing* [the fabrication of evidence in criminal law]

Words ending in *-ial* in English usually end in *-iel* in French:

potential	potentiel
essential	essentiel
But:	
martial	martial

Nouns ending -*ity*/-*ty* in English – often – not always! have an equivalent ending with -**ité** / -**té** in French:

royalty	royauté
quality	qualité
quantity	quantité
novelty	nouveauté
liberty	liberté
fraternity	fraternité
equality	égalité etc.

Nouns ending in -*ism* in English end in -**isme** in French:

euphemism	un euphémisme
amorphism	un amorphisme
romanticism	le romantisme
classicism	le classicisme
positivism	le positivisme

Some irregular verbs

être avoir aller faire

Past participle	être – été	avoir – eu	aller – allé	faire – fait
Present participle	étant	ayant	allant	faisant

Present tense

Être	Avoir	Aller	Faire
je suis	j'ai	je vais	je fais
tu es	tu as	tu vas	tu fais
il/elle est	il/elle a	il/elle va	il/elle fait
nous sommes	nous avons	nous allons	nous faisons
vous êtes	vous avez	vous allez	vous faites
ils/elles sont	ils/elles ont	ils/elles vont	ils/elles font

Imperfect tense

Être	Avoir	Aller	Faire
j'étais	j'avais	jallais	je faisais
tu étais	tu avais	tu allais	tu faisais
il/elle était	il/elle avait	il/elle allait	il/elle faisait
nous étions	nous avions	nous allions	nous faisions
vous étiez	vous aviez	vous alliez	vous faisiez
ils/elles étaient	ils/elles avaient	ils/elles allaient	ils/elles faisaient

Perfect tense

Être	Avoir	Aller	Faire
j'ai été	j'ai eu	je suis allé(e)	j'ai fait
tu as été	tu as eu	tu es allé(e)	tu as fait
il/elle a été	il/elle a eu	il/elle est allé(e)	il/elle a fait
nous avons été	nous avons eu	nous sommes allé(e)s	nous avons fait
vous avez été	vous avez eu	vous êtes allé(e)(s)	vous avez fait
ils/elles ont été	ils/elles ont eu	ils/elles sont allé(e)(s)	ils/elles ont fait

Future tense

Être	Avoir	Aller	Faire
je serai	j'aurai	j'irai	je ferai
tu seras	tu auras	tu iras	tu feras
il/elle sera	il/elle aura	il/elle ira	il/elle fera
nous serons	nous aurons	nous irons	nous ferons
vous serez	vous aurez	vous irez	vous ferez
ils/elles seront	ils/elles auront	ils/elles iront	ils/elles feront

The conditional

Être	Avoir	Aller	Faire
je serais	j'aurais	j'irais	je ferais
tu serais	tu aurais	tu irais	tu ferais
il/elle serait	il/elle aurait	il/elle irait	il/elle ferait
nous serions	nous aurions	nous irions	nous ferions
vous seriez	vous auriez	vous iriez	vous feriez
ils/elles seraient	ils/elles auraient	ils/elles iraient	ils/elles feraient

The subjunctive

Être	Avoir	Aller	Faire
que je sois	que j'aie	que j'aille	que je fasse
que tu sois	que tu aies	que tu ailles	que tu fasses
qu'il/qu'elle soit	qu'il/qu'elle ait	qu'il/qu'elle aille	qu'il/qu'elle fasse
que nous soyions	que nous ayions	que nous allions	que nous fassions
que vous soyiez	que vous ayiez	que vous alliez	que vous fassiez
qu'ils/qu'elles soient	qu'ils/qu'elles aient	qu'ils/qu'elles aillent	qu'ils/qu'elles fassent

The past subjunctive

Être	Avoir	Aller	Faire
que j'aie été	que j'aie eu	que je sois allé(e)	que j'aie fait
que tu aies été	que tu aies eu	que tu sois allé(e)	que tu aies fait
qu'il/qu'elle ait été	qu'il/qu'elle ait eu	qu'il/qu'elle soit allé(e)	qu'il/qu'elle ait fait
que nous ayions été	que nous ayions eu	que nous soyions allé(e)s	que nous ayions fait
que vous ayiez été	que vous ayiez eu	que vous soyiez allé(e)s)	que vous ayiez fait
qu'ils/qu'elles aient été	qu'ils/qu'elles aient eu	qu'ils/qu'elles soient allé(e)s	qu'ils/qu'elles aient fait

pouvoir devoir falloir

Note: falloir is a 'defective' verb – some persons are missing as they have fallen from use.

Past participle pouvoir – pu   devoir – dû   falloir – fallu
Present participle pouvant   devant   fallant

Present tense

pouvoir	devoir	falloir
je peux	je dois	
tu peux	tu dois	
il/elle peut	il/elle doit	il faut
nous pouvons	nous devons	
vous pouvez	vous devez	
ils/elles peuvent	ils/elles doivent	

Imperfect tense

pouvoir	devoir	falloir
je pouvais	je devais	
tu pouvais	tu devais	
il/elle pouvait	il/elle devait	il fallait
nous pouvions	nous devions	
vous pouviez	vous deviez	
ils/elles pouvaient	ils/elles devaient	

Perfect tense

pouvoir	devoir	falloir
j'ai pu	j'ai dû	
tu as pu	tu as dû	
il/elle a pu	il/elle a dû	il a fallu
nous avons pu	nous avons dû	
vous avez pu	vous avez dû	
ils/elles ont pu	ils/elles ont dû	

Future tense

pouvoir	devoir	falloir
je pourrai	je devrai	
tu pourras	tu devras	
il/elle pourra	il/elle devra	il faudra
nous pourrons	nous devrons	
vous pourrez	vous devrez	
ils/elles pourront	ils/elles devront	

The conditional

pouvoir	devoir	falloir
je pourrais	je devrais	
tu pourrais	tu devrais	
il/elle pourrait	i il/elle devrait	il faudrait
nous pourrions	nous devrions	
vous pourriez	vous devriez	
ils/elles pourraient	ils/elles devraient	

The subjunctive

pouvoir	devoir	falloir
que je puisse	que je doive	
que tu puisses	que tu doives	
qu'il/qu'elle puisse	qu'il/qu'elle doive	qu'il faille
que nous puissions	que nous devions	
que vous puissiez	que vous deviez	
qu'ils/qu'elles puissent	qu'ils/qu'elles doivent	

The past subjunctive

pouvoir	devoir	falloir
que j'aie pu	que j'aie dû	
que tu aies pu	que tu aies dû	
qu'il/qu'elle ait pu	qu'il/qu'elle ait dû	qu'il ait fallu
que nous ayions pu	que nous ayions dû	
que vous ayiez pu	que vous ayiez dû	
qu'ils/qu'elles aient pu	qu'ils/qu'elles aient dû	

01

personal matters

1.1 Titles, greetings and making arrangements

Core vocabulary

Titles

Mr	monsieur
Mrs	madame
Miss	mademoiselle

> **i** Ladies first! A letter in French will start with **Madame, Monsieur**, to translate both *Dear Sir/Madam* and *Dear Sirs*.

Greetings

hello / hi	Salut*
good morning	bonjour
good afternoon	bonjour
good evening	bonsoir
good night	bonne nuit
goodbye	au revoir

*If you consider yourself to be an adult, as opposed to an adolescent, it is best not to use this unless with dear old friends.

Other greetings

See you soon.	À bientôt.
See you shortly.	À tout-à-l'heure.
See you in a bit.	À tout-de-suite.
How are you?	Comment allez-vous ? (formal)
Very well, thank you.	Très bien, merci. (formal)
Have a nice/good day!	Bonne journée !
Have a good weekend.	Bon week-end !
Enjoy the evening.	Bonne soirée !
Enjoy your holiday.	Bonnes vacances !

Useful phrases

Introductions

May I introduce myself? I am Henry Field.	Permettez-moi de me présenter : Henry Field.
This is my wife/husband friend	Voici ma femme / mon mari / mon assistant(e) / mon associé(e) / ...

Do you know Mr ...?	Vous connaissez sûrement Monsieur ...
I am Mrs ...	Je suis Madame ...
And you are Mr ...?	Et vous êtes Monsieur ...
Pleased to meet you.	Enchanté(e)
May I sit here?	Cette place est libre ? *or* Ce siège est occupé ? *(literally, 'is this seat free/taken?')*
Are you alone?	Vous êtes venu(e) seul(e) ?

Useful verbs

to introduce	présenter
to introduce oneself	se présenter
to allow	permettre
allow me to ...	permettez-moi de ...

Extras

- **à plus !** the trendy, shortened version of **à plus tard** (*see you later*). Very informal, hence: handle with care!

- In the south of France, which shares borders with Spain and Italy, one may hear **adieu** in place of **bonjour** and **au revoir**, which is the French version of the Spanish **adiós**.

Making arrangements *prendre rendez-vous*

bar	le bar
night club	une boîte de nuit

> **ℹ** Although rather informal, the expression 'une boîte' has almost completely replaced the former 'la discothèque' that appeared in the 1970s.

restaurant	le restaurant
theatre	le théâtre
cinema	le cinéma
dance	une soirée dansante / un bal
drink	un verre
meal	un repas
show	un spectacle
play	une pièce de théâtre
musical	un music hall
comedy	une comédie
concert	un concert

May I invite you to a drink?	Je vous offre un verre ?
What shall we do this evening?	Qu'est-ce qu'on fait ce soir ?
What would you like to do?	Qu'est-ce que vous avez envie de faire ?
Where would you like to go?	Où aimeriez-vous aller ?
When shall we meet?	On se retrouve à quelle heure ?
I will pick you up.	Je passerai vous prendre or vous chercher.
to arrange a meeting	se donner rendez-vous
to book a table	réserver une table
to go to the cinema	aller au cinéma
to go to the theatre	aller au théâtre
to go out	sortir
to go to a night club	aller en boîte
to watch a video	regarder une cassette (vidéo)
I enjoyed it very much.	Ça m'a beaucoup plu.
I had a lovely time.	J'ai passé un moment / une soirée / une journée délicieux(-se).
We must do it again sometime.	On refera ça.
I will see you tomorrow/later.	A demain !
I would like to see you again.	J'aimerais beaucoup vous revoir.

Polite phrases *expressions de politesse*

Thank you very much.	Merci beaucoup or Merci infiniment or Merci mille fois.
Excuse me.	Excusez-moi.
Pardon?	Pardon ?
I don't understand.	Je ne comprends pas.
I did not quite understand.	Je n'ai pas bien compris.
Can you speak more slowly?	Est-ce que vous pourriez parler un peu plus lentement, s'il vous plaît ?
I apologize.	Pardonnez-moi or Je suis désolé(e), excusez-moi.
I'm sorry.	Je suis désolé(e).
I beg your pardon?	Pardon ?
I didn't mean it.	Je suis désolé(e), je ne l'ai pas fait exprès.
Forgive me.	Pardonnez-moi.
Sorry, it was my fault.	Je suis désolé(e), c'est de ma faute or C'est entièrement de ma faute.

It was your fault.	C'est de votre faute.
With pleasure.	Avec plaisir.
It was a pleasure.	Ce fut un plaisir.

> ℹ️ Note the use of the historic past tense **fut**, which emphasizes the formality.

Have a good time!	Amusez-vous bien !
Have a safe journey!	Bon voyage !
Good luck	

> ℹ️ The literal translation of this phrase is 'bonne chance'. However, it is considered to bring bad luck if one actually says it! To wish someone good luck in French, one says 'Merde!' ...!

All the best	Mille bonnes choses *or* Bonne continuation.
Happy birthday	Joyeux anniversaire
Merry Christmas	Joyeux Noël
Congratulations	Félicitations
Happy New Year	Bonne année

1.2 Where are you from?

Core vocabulary

Where do you come from?	D'où venez-vous ?
Which nationality are you?	De quelle nationalité êtes-vous ?
Which language do you speak?	Quelle(s) langue(s) parlez-vous ?

> ℹ️ **venir de** + noun means *to come from a place*;
>
> Je viens de Paris   *I come from Paris.*

European Union Member States (2003)	Pays membres de l'Union européenne (2003)	Nationality	Language spoken
Greece	La Grèce	grec/grecque	grec
Portugal	Le Portugal	portugais/-se	portugais
Spain	L'Espagne	espagnol/-e	espagnol

Italy	L'italie	italien/-ne	italien
France	La France	français/-e	français
Luxembourg	Le Luxembourg	luxembourgeois/-e	le patois luxembourgeois
Ireland	L'Irlande	irlandais/-e	anglais/gaëlique
United Kingdom	Le Royaume Uni	britannique	anglais
Belgium	La Belgique	belge	français/ flamand
Netherlands	Les Pays-bas	néerlandais/-e	néerlandais
Germany	L'Allemagne	allemand/-e	allemand
Denmark	Le Danemark	danois/-e	danois
Austria	L'Autriche	autrichien/-ne	allemand
Sweden	La Suède	suédois/-e	suédois
Finland	La Finlande	finlandais/-e	finnois

European Union as at 1st May 2004	**Pays de L'Union européenne le 1er mai 2004**		
Estonia	L'Estonie	estonien/-ne	estonien
Latvia	La Lettonie	letton/-ne	letton
Lithuania	La Lithaunie	lithuanien/-ne	lithuanien
Poland	La Pologne	polonais/-e	polonais
Czech Republic	La République tchèque	tchèque	tchèque
Slovak Republic	La République slovaque	slovaque	slovaque
Hungary	La Hongrie	hongrois/-e	hongrois
Slovenia	La Slovénie	slovène	slovène
Malta	Malte	maltais/-e	maltais/anglais
Cyprus	Chypre	chypriote	grec/turc

Other European Union candidates	**Autres pays candidats à l'Union européenne**		
Turkey	La Turquie	turc/turque	turc
Bulgaria	La Bulgarie	bulgare	bulgare
Romania	La Roumanie	roumain/-e	roumain

a national	un ressortissant
passport control point	le point de contrôle des passeports
all EU nationals	ressortissants de l'Union européene
non-EU nationals	non-ressortissants de l'Union européenne

Some European regions	Quelques régions d'Europe	Nationality	Language
Northern Ireland	L'irlande du Nord	irlandais/-e du Nord	anglais
Scotland	L'Ecosse	écossais/-e	gaélic écossais
Wales	Le Pays de Galles	gallois/-e	gallois
England	L'Angleterre	anglais/-e	anglais
Catalonia	La Catalogne	catalan/e	catalan
Wallonie	La Wallonie	wallon/-ne	wallon
Brittany	La Bretagne	breton/-ne	breton
Alsace	L'Alsace	alsacien/-ne	alsacien
Middle East	**Le Moyen-Orient**		
Israel	Israël	israélien/-ne	arabe/hébreu
Palestine	La Palestine	palestinien/-ne	arabe
Lebanon	Le Liban	libanais/-e	arabe
Jordan	La Jordanie	jordanien/-ne	arabe
Americas	**Les Amériques**		
USA	Les Etats-Unis	américain/-e	anglais
Canada	Le Canada	canadien/-ne	anglais/français
Mexico	Le Mexique	mexicain/-e	espagnol
Brasil	Le Brésil	brésilien/-e	portugais
Argentina	L'Argentine	argentin/-e	espagnol
Chile	Le Chili	chilien/-ne	espagnol
Bolivia	La Bolivie	bolivien/-ne	espagnol
South-East Pacific	**Region Pacifique Est**		
Australia	L'Australie	australien/-ne	anglais
New Zealand	La Nouvelle Zélande	nouveau zélandais/-e	anglais
Thailand	La Thaïlande	thaïlandais/-e	thaï
Vietnam	Le Viêtnam	vietnamien/-ne	vietnamien
Cambodia	Le Cambodge	cambodgien/-ne	cambodgien
Far East	**L'Extrême Orient**		
Japan	Le Japon	japonais/-e	japonais
China	La Chine	chinois/-e	mandarin
India	L'Inde	indien/-ne	hindi
Pakistan	Le Pakistan	pakistanais/-e	urdû
Hong Kong	Hong-Kong	chinois/-e de Hong-Kong	chinois de Hong-Kong

Useful phrases

Do you speak English?   Parlez-vous anglais ?
Where were you born?   Où êtes-vous né(e) ?

I was born in ...	Je suis né(e) à + *city*;
	  au + *masculine country*;
	  en + *feminine country*

I live ...	Je vis *or* j'habite ...

in the north / south /
    east / west
	dans le nord / le sud /
	  l'est / l'ouest

middle	dans le centre
near the sea	au bord de la mer *or* près de la mer
on the coast	sur la côte
in the mountains	dans la montagne
in the city	en ville
in a village	dans un village
in the suburbs	dans la banlieue de + *city*
in the country	à la campagne

Useful verbs

to live	vivre / habiter
to speak	parler
to be born	être né

1.3 What do you look like?

Core vocabulary

What do you look like?	A quoi ressemblez-vous ? Comment êtes-vous ?
What does he/she look like?	A quoi ressemble-t-il/-elle ? Il/elle est comment ?

Use the following table to help you to build up what you need to be able to describe yourself and someone you know well:

I am	Je suis	quite	assez	tall	grand(e)
Are you ...?	Êtes-vous ... ?	very	très	small	petit(e)
He/she is	Il/Elle est	rather	plutôt	average (sized)	de taille moyenne
				slim	mince
				comfortable	enrobé(e)
				skinny	maigre / maigrichon(ne)

I have	J'ai	long hair	les cheveux longs
She has	Elle a	short hair	les cheveux courts
He has	Il a	medium length hair	les cheveux aux épaules
		blue eyes	les yeux bleus
		brown eyes	les yeux bruns
		green eyes	les yeux verts
		a small nose	un petit nez
I am ... tall	Je mesure	1 metre 75	un mètre 75

attractive	séduisant
unattractive	pas particulièrement séduisant, quelconque
fit	sportif/sportive, en grande forme (lit. *in great shape*)
unfit	pas sportif/sportive pour deux sous
good looking	beau/belle; *also for a girl*: jolie
ugly	laid, moche
neat	soigné
untidy	pas soigné, négligé
smart	élégant, bien habillé
scruffy	débraillé
ordinary	quelconque
different	original

Size   *la silhouette*

tall	grand
short	petit
underweight	maigre, maigrichon(ne)
overweight	gros(se)
well built	bien bâti(e), bien fait
weak	fluet
frail	frêle
obese	obèse

More about me   *deux ou trois autres choses à propos de moi ...*

I am ...	je suis ...
right-handed	droitier / droitière
left-handed	gaucher / gauchère
short-sighted	myope
long-sighted	astigmate

agoraphobic	agoraphobe
claustrophobic	claustrophobe
I am sight-impaired	Je vois mal *or* j'ai une très mauvaise vue.
I am hearing-impaired	J'entends mal.
I use a hearing aid	Je porte un appareil auditif.
allergic to ...	allergique à ...
I am asthmatic	J'ai de l'asthme.

Useful phrases

How much do you weigh?	Combien pesez-vous ?
I weigh 75 kg.	Je pèse 75 kilos.
How tall are you?	Combien mesurez-vous ?
I am 1.59 m.	Je mesure 1 mètre 59.

Useful verbs

to look like someone	ressembler à quelqu'un
to put on weight	grossir *or* prendre du poids
to lose weight	maigrir *or* perdre du poids
to get fit	refaire du sport *or* se refaire une santé

Extras

être bien en chair	*plump, well-padded (positive comment)*
être de bonne composition	*to be a happy person*
costaud	*sturdy*
d'un certain âge	*of a certain age*
avoir un petit quelque chose de ...	*to look, somehow, ...*
elle a un petit quelque chose d'Edith Piaf.	*she looks like Edith Piaf, somehow.*
il a un petit quelque chose de 19e siècle.	*he looks 19th century, somehow.*
(what comes after 'quelque chose de' can be very varied.)	
les ados	*teenagers (used in teenagers' magazines, or by parents/ education personnel)*
le/la môme	*kid (informal)*
les nanas	*girls (very informal)*
les mecs	*guys (very informal)*

1.4 What sort of person are you?

Core vocabulary

Character and feelings *la personalité, les sentiments*

shy	timide
talkative	sociable
happy	heureux / heureuse
unhappy	malheureux / malheureuse
friendly	aimable, agréable
unfriendly	pas très aimable, désagréable
funny	drôle
humourless	elle/il n'a pas d'humour

He/she is... can be translated as **Il est / Elle est ...**, but also as **C'est quelqu'un de ...**:

She is very funny'	Elle est très drôle. *or*
	C'est quelqu'un de très drôle.
accommodating	accommodant
unaccommodating	pas très accommodant
hard-working	Il/elle travaille beaucoup.
	(lit. *he/she works a lot*)
lazy	paresseux / paresseuse
interesting	intéressant
boring	ennuyeux / ennuyeuse *or*
	rasoir (*informal*)
nice	sympa (*short for* sympathique)
nasty	mauvais
quiet	discret / discrète
loud	bruyant
strong	fort
weak	faible
unbearable	insupportable
easy-going	facile à vivre, pas compliqué,
	cool (*informal*)
difficult to get on with	pas commode
peculiar	particulier / particulière
clever	fin, intelligent
capable	capable
useless	n'avoir aucun sens de ..., *or*
	n'avoir aucun sens pratique
	or n'être d'aucune aide
to be confident	avoir confiance en soi
nervous	nerveux / nerveuse
generous	généreux / généreuse

mean	radin, pingre
helpful	serviable
unhelpful	pas serviable, d'aucune aide
odd	bizarre, étrange
normal	normal, passe-partout
polite	poli
courteous	courtois
rude	grossier / grossière ; mal embouché(e) (*very informal*)
practical	avoir l'esprit pratique, avoir le sens pratique
unpractical	ne pas avoir l'esprit pratique, n'avoir aucun sens pratique
reliable	fiable, sur qui on peut compter (C'est quelqu'un sur qui on peut compter.)
unreliable	pas fiable, sur qui on ne peut pas compter
relaxed	décontracté
uptight	coincé
sensitive	sensible
unfeeling	insensible
serious	sérieux / sérieuse
frivolous	frivole
sincere	sincère
insincere	pas sincère
strong willed	déterminé
weak	faible, influençable
well-behaved	bien élevé
badly behaved	mal élevé
with it	dans le coup, au courant
out-of-date	dépassé

The five senses

sight	la vue	*to see*	voir
hearing	l'ouïe	*to hear*	entendre
taste	le goût	*to taste*	goûter
smell	l'odorat	*to smell*	sentir
touch	le toucher	*to touch*	toucher

Useful phrases

He/she has …	Il/elle a …
a sense of humour	le sens de l'humour, de l'humour

plenty of will power	une grande volonté
a weakness for	un petit faible pour ..., or une certaine faiblesse pour ...
a good imagination	de l'imagination
a kind heart	un bon cœur

Useful verbs

to get bored	s'ennuyer
to be interested in something	s'intéresser à, être intéressé par (quelque chose m'intéresse)
to be worried about something	s'inquiéter

False friends   *faux amis*

French	English
sensible	*sensitive*
raisonnable	*sensible*
sympathique	*nice, pleasant*
compréhensif	*sympathetic*

1.5 My things

Core vocabulary

My things   *mes trucs* (informal)

my bag	mon sac
my handbag	mon sac à main
my briefcase	ma serviette
my cheque book	mon carnet de chèques
my credit cards	mes cartes de crédit
my diary	mon agenda
my driving licence	mon permis de conduire
my glasses / sunglasses / reading glasses	mes lunettes / mes lunettes de soleil / mes lunettes pour lire
my keys	mes clefs
my notebook	mon carnet
my passport	mon passeport
my pen / my fountain pen	mon stylo / mon stylo-plume
my purse	mon sac à main
my wallet	mon porte-monnaie / mon portefeuille
my watch	ma montre

On my desk / on my working table *sur mon bureau / sur mon plan de travail*

my computer	mon ordinateur *or* mon micro
my hard drive	mon disque dur
my mobile	mon portable
my mouse	ma souris
my laptop	mon ordinateur portable
my palm pilot	mon palm *or* mon organisateur
my phone	mon téléphone
my printer	mon imprimante
my scanner	mon scanner

At home *chez moi*

my DVD player	mon lecteur DVD (*pronounce* dévédé)
my CD player	mon lecteur de CD (*pronounce* cédé)
my discs	mes disques
my play station	mon playstation, or ma console (de jeux vidéo)
my camera	mon appareil photo
my video camera	ma caméra
my digital camera	mon appareil-photo numérique
my film	ma pellicule
my photos	mes photos

My friends *mes amis*

girl friends	mes amies (*very close*) ; mes copines (*more informal and not as close*)
boy friends	mes amis (*very close*) ; mes copains (*more informal and not as close*) mes potes (*informal*)
girlfriend	ma petite copine (*adolescent*) ; ma petite amie (*young adult*) ; ma compagne *or* mon amie (*adult in a long-standing relationship*)
boyfriend	mon petit copain (*adolescent*) ; mon petit ami (*young adult*) ; mon compagnon *or* mon ami (*adult in a long-standing relationship*)
best friend	ma meilleure amie, mon meilleur ami

Useful phrases

Have you got a ...?	Avez-vous un/une ... ?
I have lost my ...	J'ai perdu mon/ma ...
I can't find my ...	Je ne retrouve plus mon/ma ...
Have you seen my ...	Avez-vous vu mon/ma ...

Useful verbs

to lose/ mislay	perdre, égarer
to find	trouver
to find something that one had lost	retrouver
to forget	oublier

Extras – slang

mon boulot	*my work*
Je vais au boulot en tramway.	*I go to work by tram.*
J'ai un boulot monstre en ce moment !	*I have got a hell of a lot of work at the moment!*
ma bagnole	*my car*
Je vais au boulot en bagnole.	*I drive to work.*
ma bécane	depending on the context can be *my PC* or *my bike (motor)*
J'ai planté ma bécane.	*My PC froze.*
Je me suis planté en bécane.	*I had an accident with my motorbike.*

1.6 I think, I feel

Core vocabulary

liking; to like	l'appréciation / l'affection ; apprécier / bien aimer
love; to love	l'amour ; aimer
preference; to prefer	la préférence ; préférer
dislike; to dislike	l'aversion ; ne pas aimer
hate; to hate	la haine ; haïr / détester
feeling; to feel	le sentiment / la sensation ; ressentir
worry; to worry	l'inquiétude ; s'inquiéter

encouragement; to encourage	les encouragement ; encourager
exaggeration; to exaggerate	l'exagération ; exagérer
joke; to joke	la plaisanterie ; plaisanter
lie; to lie	le mensonge ; mentir
promise; to promise	la promesse ; promettre
advice; to advise	le conseil ; conseiller
belief; to believe	la croyance ; croire
thought; to think	la pensée ; penser

Useful verbs

Negative experiences		Positive experiences	
to be disappointed	être déçu	*to be relieved*	être soulagé
to be depressed	être déprimé	*to be elated*	être ravi
to be stressed	être stressé	*to be relaxed*	être détendu
to be discouraged	être découragé	*to be encouraged*	être encouragé
to be embarrassed	être gêné	*to be at ease*	être à l'aise
to be nervous	être nerveux	*to be reassured*	être rassuré
to be sad	être triste	*to be happy*	être content / heureux
to be ashamed	être gêné	*to be proud*	être fier
to be worried	être inquiet		

The following verbs are used with another verb:

to want to	vouloir
I want to go.	Je veux partir.
to be able to	pouvoir / être capable de / être en mesure de
I can understand	Je suis capable de comprendre. / Je peux comprendre.
to have to	devoir / avoir à / il faut que + subjunctive
I must leave.	Je dois partir. / Il faut que je parte.
to be allowed to	pouvoir
I am allowed to go out.	Je peux sortir.
I ought to	je devrais
I should stay at home.	Je devrais rester à la maison.

1.7 Expressing an opinion

Core vocabulary

to believe	croire

> **ℹ** 'To believe' is followed by the subjunctive only when used in the negative form. For example, **Je crois qu'il est déjà arrivé** but **Je ne crois pas qu'il soit déjà arrivé.**

to consider	considérer
to think	penser
to agree	être d'accord
to argue	penser
to ask	demander
to dispute	disputer
to question	questionner
to quote	citer
quote ... unquote	Je cite : ...
to request	demander
to suggest	proposer / suggérer
to wonder	se demander
I would like to say	J'aimerais quand même dire ...
to compare	comparer
to discuss	débattre
to conclude	conclure
to reach the conclusion	arriver à la conclusion
on the one hand	d'un côté / d'une part
on the other hand	de l'autre / d'autre part
firstly	premièrement
secondly	deuxièmement
thirdly	troisièmement
first	d'abord
then	ensuite
and then	et ensuite *or* et puis
finally	enfin
actually	en fait
basically	en fait
clearly	de toute évidence *or* il est clair que
consequently	en conséquence *or* par conséquent *or* ... et c'est comme ça que ...

fortunately	heureusement
unfortunately	malheureusement
generally	en général
honestly	honnêtement
mainly	principalement
normally	d'habitude *or* normalement
obviously	de toute évidence *or* il est évident que
particularly	particulièrement
principally	principalement
really / truly	véritablement
usually	habituellement *or* d'habitude *or* normalement
In my opinion	D'après moi ... *or* à mon avis ...

> **i** You may equally say **'Moi, je ...'**, stressing the 'moi' before going onto your argument.

above all	surtout
although	bien que
as a result	par conséquent
as well as	aussi bien que
however	cependant *or* toutefois *or* néanmoins
in many respects	à bien des égards
in spite of	malgré
instead of	au lieu de
nevertheless	pourtant
otherwise	sinon
similarly	de la même façon
the reason is	la raison est que ...
to tell the truth	pour être tout-à-fait franc (franche)
I wish I could agree.	J'aimerais pouvoir vous donner raison *or* j'aimerais pouvoir être d'accord avec vous.
I beg to differ.	Permettez-moi de ne pas être d'accord.
I maintain ...	je persiste à penser que ...
for example	par exemple *or* ainsi
in brief	en bref
the advantages are	l'avantage, c'est que

the disadvantages	l'inconvénient, c'est que
there are pros and cons	il y a du pour et du contre
to conclude	pour finir *or* en conclusion

1.8 Don't panic!

Help!	Au secours !
Listen.	Écoute. / Écoutez.
Do you understand?	Vous comprenez ? *or* Tu comprends ?
Do you speak English?	Vous parlez anglais ?

---

i You may earn good will by apologizing and saying that you do not speak French well before asking someone if they speak English: **Je suis désolé(e), je ne parle pas bien français. Vous parlez anglais ?**

Can you say it more slowly?	Est-ce que vous pourriez répéter plus lentement, s'il vous plaît ?
I didn't catch what you said.	Je suis désolé(e), je n'ai pas compris ce que vous avez dit.
Please can you find someone who speaks English?	Pourriez-vous penser à quelqu'un qui parle anglais ?
Can you write it down for me please?	Est-ce que vous pourriez me l'écrire ?
How do you spell it?	Comment est-ce que ça s'écrit ?
Have you got the phone number for ...?	Est-ce que vous avez le numéro de téléphone ... ?
police	de la police
fire brigade	des pompiers
ambulance	du SAMU
doctor	d'un médecin
breakdown services	d'un dépanneur
What do I need to dial first?	Est-ce qu'il y a un indicatif ?
What is the area code for ...?	Quel est l'indicatif de ... ?
How do I get an outside line?	Comment est-ce que je fais pour avoir une ligne extérieure ?

02

family

2.1 My family

Core vocabulary

My family and relatives *les membres de ma famille*

my parents	mes parents		
my mother	ma mère	*my father*	mon père
my sister	ma sœur	*my brother*	mon frère
my half-sister	ma demi-sœur	*my half-brother*	mon demi-frère
my twin sister	ma sœur jumelle	*my twin brother*	mon frère jumeau
my grandparents	mes grands-parents		
my grandmother	ma grand-mère	*my grandfather*	mon grand-père
my aunt	ma tante	*my uncle*	mon oncle
my cousin (f)	ma cousine	*my cousin* (m)	mon cousin
my great-grand parents	mes arrière-grands-parents		
my godmother	ma marraine	*my godfather*	mon parrain
my wife	ma femme, mon épouse	*my husband*	mon mari, mon époux
my partner	ma conjointe, ma compagne	*my partner*	mon conjoint, mon compagnon
my girlfriend	mon amie	*my boyfriend*	mon ami
my mother-in-law	ma belle-mère	*my father-in-law*	mon beau-père
my sister-in-law	ma belle-sœur	*my brother-in-law*	mon beau-frère
my younger sister	ma petite sœur	*my younger brother*	mon petit frère
my older sister	ma grande sœur, ma sœur aînée	*my older brother*	mon grand frère, mon frère aîné
my granddaughter	ma petite-fille	*my grandson*	mon petit-fils
my grandchildren	mes petits-enfants		
my niece	ma nièce	*my nephew*	mon neveu
my goddaughter	ma filleule	*my godson*	mon filleul
a married couple	un couple marié		
a widow	une veuve	*a widower*	un veuf

Useful phrases

May I introduce my ...	Permettez-moi de vous présenter ...
Pleased to meet you.	Enchanté(e).
I am sorry to hear about your separation / divorce /	J'ai été désolé(e)/peiné(e) d'apprendre que vous vous

bereavement	étiez séparés / que vous aviez divorcé / que vous aviez perdu votre .... mère/père / mari/femme ...
I am going out with ...	Je sors avec ... (*informal*)
We are just good friends ...	Nous sommes amis, c'est tout.

Useful verbs

to go out with someone	sortir avec quelqu'un
to like someone	bien aimer quelqu'un
to flirt	flirter
to kiss	embrasser
to kiss one another hello/ goodbye	se faire la bise
to kiss someone hello/goodbye	faire la bise à quelqu'un *or* embrasser
to get on with someone	bien s'entendre avec quelqu'un
to have a good time	bien s'amuser
to have sex with someone	coucher avec quelqu'un
to make love with/to someone	faire l'amour avec/à quelqu'un
to get married	se marier
to get on one's nerves	énerver quelqu'un
to get on each other's nerves	se taper sur les nerfs (*very informal*)
to look after someone	s'occuper de
to quarrel	se disputer
to separate	se séparer
to divorce	divorcer
to ask for divorce	demander le divorce

Extras

Pet names *les petits noms*

Pour quelqu'un qu'on aime :	*For a loved one:*
mon chou	*my cabbage*
mon chat	*my cat*
mon trésor	*treasure*
ma biche	*my doe*
chéri(e)	*darling*
mon cœur, mon doux cœur	*sweetheart*

Pour un enfant :	For a child:
mon canard	my duck
mon bout d'chou	my piece of cabbage
mon p'tit chou	my little cabbage
ma puce	my flea
mon puceron	my greenfly
chouchou	cabbage-cabbage

2.2 Children

Core vocabulary

a baby	un bébé
an infant	un bébé or un enfant en bas âge
a toddler	un tout-petit
a child	un enfant
a boy	un garçon
a girl	une fille
a twin	un jumeau, une jumelle
twins	les jumeaux, les jumelles
a teenager	un adolescent, un/une ado (informal)
an adolescent	un adolescent
pregnancy	la grossesse
a miscarriage	une fausse couche
a delivery	un accouchement
birth	la naissance
a newborn baby	un nouveau-né
a premature baby	un prématuré
nanny	la nourrice
babysitter	la / le babysitter
midwife	la sage-femme
crèche	la crèche
playschool	l'école maternelle
baby's bottle	le biberon
teat	la tétine
dummy	la suce
bib	le bavoir
babymilk	le lait pour bébé
a high chair	une chaise haute, une chaise pour bébé
a nappy	la couche

travel cot	un couffin
cot	un berceau
pram	un landau
pushchair	une poussette
toy	un jouet
wind	un pet de ménage
colic	la colique
an only child	un enfant unique
an adopted child	un enfant adopté
an orphan	un orphelin, une orpheline
children's playground	une aire de jeux (pour enfants)
swing	la balançoire
slide	le toboggan
roundabout	le manège
climbing frame	la cage à écureuils

Useful verbs

to expect a baby	attendre un bébé
to miscarry	faire une fausse couche
to give birth	accoucher
to give birth early	accoucher en avance
to breastfeed	donner le sein, allaiter
to burp	roter
to change a nappy	changer une couche, changer le bébé
to cry	pleurer
to feed	donner à manger
to give a bottle	donner un biberon
to rock	bercer
to teethe	faire ses dents
to look after	s'occuper de ...
to childmind	garder (des enfants)
to babysit	faire du babysitting

Useful phrases

I am pregnant.	Je suis enceinte. or J'attends un enfant.
It's a boy/girl.	C'est un garçon / une fille.
sibling rivalry	la rivalité entre frères et sœurs
a spoilt child	un enfant gâté

I need …	Il me faudrait …
a cream for a sore bottom	une crème pour des petites fesses irritées
sun cream / shampoo for children	du lait solaire / du shampoing pour enfants
something for wind / teething	quelque chose pour la colique / pour ses dents

2.3 Anniversaries, marriage and death

Core vocabulary

birthday	l'anniversaire
engagement	les fiançailles
marriage	le mariage
anniversary	l'anniversaire
death	la mort, le décès
a wedding	un mariage
wedding ceremony	la cérémonie du mariage
church	l'église
wedding service	la célébration du mariage
town hall	l'hôtel de ville (larger cities) or la mairie
engagement ring	la bague de fiançailles
wedding invitation	une invitation à un mariage
wedding day	le jour du mariage
wedding dress	la robe de mariée
wedding ring	l'alliance
wedding certificate	le certificat de mariage
wedding cake	le gâteau de mariage, la pièce montée
bride	la mariée
bridegroom	le marié
bridesmaid	la demoiselle d'honneur
best man	le témoin
honeymoon	la lune de miel
married life	la vie de couple
heterosexual	hétérosexuel
homosexual	homosexuel
bisexual	bi-sexuel
lesbian	lesbienne
gay	homo or gay

a funeral	un enterrement
corpse	le cadavre
coffin	le cercueil
cemetery	le cimetière
burial	l'enterrement
cremation	l'incinération
grave	la tombe
vault	le caveau
death duties	les droits de succession
death certificate	le certificat de décès
will	le testament

Useful verbs

to get engaged	se fiancer
to get married	se marier
to die	mourir
to be buried	être enterré
to be in mourning	être en deuil
to kill oneself	se suicider

Useful phrases

Congratulations!	Félicitations !
Happy birthday!	Joyeux anniversaire !
We would like to wish you every future happiness.	Nous vous souhaitons tout le bonheur possible.
We would like to send you our best wishes.	Nous vous adressons nos vœux les meilleurs.
I would like to convey my condolences.	Acceptez, je vous prie, mes plus sincères condoléances.
I am very sorry to learn of your sad loss.	J'ai été peiné(e) d'apprendre que votre (mère/père etc.) nous a quittés.

03

work

3.1 Job titles

Core vocabulary

I am a ...	Je suis ...
I work as a...	Je travaille comme ...

> **i** In French there is no article before the name of your occupation:
>
> *I am an accountant.*   Je suis comptable.

accountant	le/la comptable
actor/actress	l'acteur / l'actrice
apprentice	l'apprenti(e) + *name of the trade*
architect	l'architecte (m. and f.)
bricklayer	le maçon (m. and f.)
businessman/woman	l'homme / la femme d'affaires
chef	le chef cuisinier / la chef cuisinière *or* le cuisinier / la cuisinière
civil servant	le/la fonctionnaire
dentist	le/la dentiste
director (film, theatre)	le metteur en scène (m. and f.)
doctor	le médecin (m. and f.)
driver (bus)	le conducteur / la conductrice
driver (train)	le mécanicien / la mécanicienne
driver (taxi)	le chauffeur de taxi (m. and f.)
driver (lorry)	le chauffeur de poids-lourd (m. and f.) *or* le camionneur *or* le routier
electrician	l'électricien / l'électricienne
engineer	l'ingénieur (m. and f.)
farmer	l'agriculteur / l'agricultrice
fireman	le pompier (m. and f.)
hairdresser	le coiffeur / la coiffeuse
journalist	le/la journaliste
lawyer	le/la juriste *or* l'avocat / l'avocate
lecturer	le/la professeur
professor	le/la professeur
mechanic	le mécanicien / la mécanicienne
musician	le musicien / la musicienne
nurse	l'infirmier / l'infirmière
plumber	le plombier (m. and f.)

policeman	l'agent de police (m. and f.)
postman	le facteur / la factrice
receptionist	le/la réceptionniste
researcher	le chercheur / la chercheuse
secretary	le/la secrétaire
shop assistant	le vendeur / la vendeuse
shopkeeper	le gérant / la gérante d'un magasin / d'une boutique
student	l'étudiant(e)
waiter / waitress	le serveur / la serveuse
undertaker	l'entrepreneur / l'entrepreneuse de pompes funèbres
unemployed person	le chômeur / la chômeuse
retired person	retraité(e)
pensioner	le retraité/-e
the staff	le personnel or les personnels
chairman	le président / la présidente
chief executive	le directeur / la directrice
managing director	le président-directeur général, le/la PDG
director	l'administrateur / l'administratrice
company secretary	le/la secrétaire
departmental head	le/la chef de département or le/la chef de service

The head or manager of a department or company is often called **responsable** or **chargé**, e.g. Head of PR: **Chargé des relations publiques (RP)**

auditor	l'auditeur / l'auditrice
business consultant	le consultant / la consultante or le conseiller / la conseillère
personal assistant	l'assistant personnel / l'assistante personnelle
employer	l'employeur / l'employeuse
employee	l'employé(e)
sales representative	le représentant / la représentante de commerce
computer operator	l'opérateur / l'opératrice informatique
computer programmer	l'informaticien / informaticienne

cleaner	l'homme / la femme de ménage (*personal / home*) ; agent de surface (*company*)
trainee	le/la stagiaire

> **i** **Stagiaire** may refer to a paid, qualifying junior professional, as well as to an unpaid, summer vacation school pupil on a work experience placement.

Industries

agriculture	l'agriculture
banking	la banque
building trade	l'industrie du bâtiment
catering	la restauration
civil service	la fonction publique
commerce	le commerce, les affaires
fashion	la mode
finance	la finance
financier	le financier

> **i** **Un financier** is also an oblong cake, made from almonds and beaten egg white, that one buys in a pâtisserie.

the hotel industry	l'industrie hôtelière
insurance	les assurances
leisure services	l'industrie des loisirs
manufacturing	la fabrication
medicine	la médecine
health services	les services de santé
the media	les médias
retail	la vente
service industry	l'industrie des services
show business	le show business
textile industry	l'industrie textile
tourism	le tourisme
transport	les transports
wholesale	la vente en gros

Useful verbs

to work	travailler *or* bosser (*informal*)
to earn one's living	gagner sa vie

to be out of work	être sans emploi
to buy / to sell	acheter / vendre
to import / export	importer / exporter
to manage	gérer, diriger
to manufacture	fabriquer

Useful phrases

I would like to work in ...	J'aimerais travailler dans ...
I work in ...	Je travaille dans ...
I used to work in ...	Avant, je travaillais dans ...

Extras

The following are all words to do with *to employ*:

employment	l'emploi, un emploi
unemployment	le chômage
employer	l'employeur / l'employeuse
employee	l'employé(e)
to employ	employer
employed	employé(e)
unemployed	au chômage
an unemployed person	un chômeur / une chômeuse
employable	employable
employability	employabilité

3.2 The work place

Core vocabulary

bank	une banque
building site	un chantier
factory	une usine
farm	une ferme
garage	un garage
hospital	un hôpital
hotel	un hôtel
mine	une mine
nightclub	une boîte de nuit
nursery	une crèche
office	un bureau
post office	un bureau de poste
railway	les chemins de fer

recording studio	un studio d'enregistrement	**73** work **03**
restaurant, bar, café	un restaurant / un bar / un café	
school	une école	
service station	une station-service	
shopping centre	un centre commercial	
slaughter house	un abattoir	
stock exchange	la Bourse	
town hall	une mairie	
workshop	un atelier	

The company   *la société*

headquarters	le siège
subsidiary	la filiale
firm	le cabinet *or* l'agence
factory	l'usine

The premises   *les locaux*

boardroom	la salle du conseil
canteen	la cantine *or* le restaurant d'entreprise
meeting room	la salle de réunion
reception	la réception *or* l'accueil
entrance	l'entrée
entrance hall	le hall d'entrée
exit	la sortie
security code	le code de sécurité
pass	le passe

I work in the ... department	Je travaille dans le service ...
accounts	comptabilité
advertising	publicité
administration	administratif
after-sales	après-vente
catering	restauration
distribution	distribution
export	export
import	import
facilities management	maintenance
information technology	informatique
insurance	assurance
legal	juridique
manufacturing	fabrication
marketing	marketing
personnel / human resources	ressources humaines
property	immobilier

purchasing	des achats
sales	des ventes
technical	technique

Useful verbs

to *buy*	acheter
to *manage*	diriger *or* gérer
to *manufacture*	fabriquer
to *research*	faire des recherches (sur)
to *sell*	vendre
to *study*	étudier
to *travel*	voyager *or* se déplacer
to *work*	travailller *or* bosser (*informal*)

Useful phrases

Where do you work?	Vous travaillez où ?
Which department do you work in?	Dans quel service travaillez-vous ?
Our head office is based in ...	Notre siège est installé à ... / en ...
Please sit down.	Asseyez-vous, je vous en prie.
Can I get you a coffee?	Voulez-vous un café ?
Would you like to meet ...?	Aimeriez-vous rencontrer *or* faire la connaissance de ... ?

3.3 Conditions of employment

Core vocabulary

working conditions	les conditions de travail
the working day	la journée de travail
the working week	la semaine de travail
holidays	les vacances
paid holidays	les congés
annual holiday	les vacances annuelles
national holidays	les jours fériés
pay	la paie (*used only in trades in which individuals are hired and paid per day: agriculture, wine-growing, seashell production, seamanship*)

salary	le salaire
income	le revenu
tax return	la déclaration d'impôts
tax relief	le dégrèvement d'impôt
income tax	l'impôt sur le revenu
VAT	TVA, Taxe de Valeur Ajoutée
applicant	le candidat
application	la candidature
application form	le formulaire de candidature
CV	le CV (*pronounce* cévé)
contract	le contrat
job interview	un entretien d'embauche
full-time job	un travail à plein temps
part-time job	un travail à temps partiel
office hours	les heures de bureau
overtime	les heures supplémentaires
flexitime	le temps à la carte *or* le temps convenu
coffee break	la pause café
lunch-time	la pause déjeuner *or* l'heure du déjeuner
meeting	la réunion
leave	le congé
sick leave	le congé-maladie
sick note	le certificat de maladie
compassionate leave	le congé pour raisons personnelles
dismissal	le licenciement
redundancy	le licenciement
redundancy compensation payment	une indemnité de licenciement
union	le syndicat
union meeting	la réunion syndicale
strike	la grève
strikers	les grévistes
demands	les revendications syndicales
bankruptcy	la faillite
standard of living	le niveau de vie
unemployment rate	le taux de chômage
legal minimum wage	le SMIC, Salaire minimal indexé sur la croissance

Useful phrases

It is stressful	C'est stressant
stimulating	stimulant
motivating	motivant
He/she is very ...	Il/Elle est très ...
efficient	efficace
organized	organisé
disorganized	désorganisé *or* bordélique (*very informal*)
lazy	paresseux / paresseuse
hard working	travaille beaucoup

Useful verbs

to be behind with one's work	être en retard, être débordé
to catch up	ratrapper
to be ahead	être en avance
to have a deadline	avoir un délai
to respect the deadline	respecter les délais, être dans les délais
to be overworked	être débordé *or* être charette (*informal, used mostly by freelancers*)
to panic	stresser
to be stressed	être stressé

Extras

le gérant, la gérante	*shop/property manager*
gérer	*to manage*
la gestion	*management process, for any application/discipline*
le/la gestionnaire	*manager*

3.4 Writing a business letter and using the phone

Core vocabulary

Ways to start the letter

Dear Sir	Monsieur *or* Cher monsieur
Dear Madam	Madame *or* Chère madame
Dear Mr. Smith	Monsieur
Dear Mrs. Smith	Madame
Dear Sir/Madam	Madame, Monsieur
Dear Sirs	Madame, Monsieur

Ways to end the letter

We/I look forward to hearing from you in the near future.
En espérant vous lire prochainement, + *link to one of the following:*

Please do not hesitate to contact us/me if you require any further information.
Nous nous tenons / Je me tiens à votre entière disposition pour toute information complémentaire.

Yours sincerely / Yours faithfully
Nous vous prions / Je vous prie d'agréer, Madame, Monsieur, l'assurance de mes sentiments distingués.
or
Nous vous prions / Je vous prie d'accepter, Madame, l'expression de mes sentiments distingués.
or
Nous vous prions / Je vous prie d'agréer, Monsieur, l'assurance de ma considération distinguée.
or
Nous vous prions / Je vous prie d'agréer, Madame, Monsieur, l'assurance de mes sentiments respectueux / dévoués. (*only used by a man*)

Using the telephone

telephone	le téléphone
phone jack	la prise téléphone
fax	le fax *or* la télécopie
answerphone	le répondeur
the tone	le bip sonore
receiver	le combiné

extension	le poste
mobile	le téléphone portable
battery	la batterie
voicemail	la messagerie
telephone number	le numéro de téléphone
directory	l'annuaire
directory inquiries	les renseignements (téléphoniques)
local call	un appel local
long distance call	un appel longue distance
international call	un appel international

Useful verbs

to phone	téléphoner
to call	appeler
to call back	rappeler
to divert a call	transférer un appel
to put someone through	passer quelqu'un à quelqu'un
to look up a number	chercher un numéro de téléphone
to put on hold	faire patienter

Useful phrases

Could I speak to ...?	Pourrais-je parler à ... ?
Can I have extension ... please?	J'aurais voulu le poste ..., s'il vous plaît.
Can I have someone who deals with ...?	J'aurais aimé parler à quelqu'un qui s'occupe de ..., s'il vous plaît.
Who is calling?	C'est de la part de qui ?
Can you tell me what it is about?	C'est à quel sujet ?
Who would you like to speak to?	A qui aimeriez-vous / voulez-vous parler ?
Speaking!	[name yourself and add]: à l'appareil !
Can you wait a moment?	Je vous fais patienter un instant. or Patientez un instant, je vous prie.
I am putting you through.	Je vous le/la passe.
The line is engaged / busy.	La ligne est occupée.
Do you want to hold?	Voulez-vous patienter ?

Would you like to leave a message?	Désirez-vous laisser un message ?
Can I take your name and number?	Voulez-vous laisser vos coordonnées ?
I haven't got a signal.	Je n'ai pas de signal.
My battery is running low.	Je n'ai bientôt plus de batterie.
Can you ring back?	Pourriez-vous rappeler, s'il vous plaît ?
Can you text me?	Pourriez-vous m'envoyer un texto ?

3.5 Using the computer

Core vocabulary

computer	l'ordinateur *or* le PC *or* le micro
keyboard	le clavier
mouse	la souris
microphone	le micro
speakers	les enceintes
modem	le modem
connector	une connexion
hard drive	le disque dur
floppy disk	une disquette
drive	un lecteur
screen	l'écran
screen saver	un économiseur d'écran *or* un écran de veille
laptop	un ordinateur portable
printer	une imprimante
cartridge	une cartouche
paper ream	une rame de papier
monitor	l'écran
scanner	un scanner
e-mail	un email *or* un mèle
world-wide-web / net	l'Internet *or* le Web *or* la Toile
login name	un identificateur
code	le code
password	le mot de passe
programme	un programme
software programme	un logiciel

Useful verbs

switch on	allumer
type in	saisir *or* informer
log on	entrer
log off	sortir
save	sauvegarder
go on line	se connecter
send an e-mail	envoyer un mèle
receive mail	recevoir un mèle
download a file	télécharger un fichier
recharge the battery	recharger la batterie *or* mettre la batterie à charger

Useful phrases

Have you got a ...?	Auriez-vous un/une ... ?
Where can I plug my laptop in?	Où est-ce que je peux brancher mon ordinateur portable ?
My computer isn't working.	Mon ordinateur ne marche pas.
Is there any one who can help me?	Est-ce qu'il y a quelqu'un qui pourrait m'aider ?

04

education

4.1 Primary and secondary education

The different schools

Please note that the table below is not an exhaustive panorama of the French education system, but rather a view of the mainstream schooling path, taken by 70 per cent of young people in education. It is, in 95 per cent of cases, a publicly funded system.

la crèche	3 months to 2 yrs	Not a school in the strict sense; rather a 'socialization' stage. Publicly funded, available throughout France.
la maternelle	from 2 to 5 yrs	Divides into three sections: les petits, les moyens, les grands.
l'école primaire	from 6 to 10 yrs	Divided into 5 classes, CP – cours préparatoire; CE1 – cours élémentaire 1ère année; CE2 – cours élémentaire 2ème année; CM1 – cours moyen 1ère année; CM2 – cours moyen 2ème année. Teaching staff is equally composed of men and women, the formed called 'le maître', the latter 'la maîtresse'.
CES collège d'enseignement secondaire, usually referred to as 'le collège'	from 11 to 14 yrs	Divided into four years, known as la sixième, la cinquième, la quatrième, la troisième. Some collèges offer boarding facilities, known as 'l'internat'. It
	At the end of four years, one takes the BEPC (Brevet des Collèges)	tends to disappear at lycée stage, where adolescents may find a room in a family home.
le lycée … classique or technique	from 15 to 18 yrs At the end of the three years, one takes the baccalauréat examination, consisting of 7 compulsory	Usually favoured by those who intend to go to university or higher education afterwards.

| | subjects plus a number of chosen subjects. | |
| le lycée … d'enseignement professionnel | from 15 to 17 yrs At the end of three years, one may take a CAP – certificat d'aptitude professionnelle From 17 to 18/19 yrs: an additional 1 or 2 years towards a BEP (Brevet d'enseigement Professionnel) | Most of France's traditional trades are still taught this way, usually on a sandwich course or apprenticeship basis, for example, pâtissier, boucher, boulanger, ébéniste, plombier, cuisinier, etc. |

Core vocabulary

At primary school   *à l'école primaire*

headmaster/mistress	le directeur / la directrice
teacher	le maître, la maîtresse
pupil	l'élève
school nurse	l'infirmière
playground	la cour de récréation
covered playground	le préau
satchel	le cartable
pen case	la trousse
canteen	la cantine
black/white board	le tableau
chalk	la craie
marker	le marqueur
break	la récréation (*usually referred to as* la récré)
bell	la cloche *or* la sonnerie
term	le trimestre
holidays	les vacances
summer holidays	les grandes vacances
school bus service	le ramassage scolaire
lesson	la leçon
homework	les leçons
reading	la lecture
reciting	la récitation
writing	l'écriture
arithmetic	le calcul

dictation	la dictée
colouring	le coloriage
cutting	le découpage
geography	la géographie
history	l'histoire
nature study / science	l'observation, la leçon de choses, les sciences naturelles
manual activities, crafts	les activités manuelles

At secondary school   à l'école secondaire

headmaster	le/la proviseur
deputy head	le censeur / madame le censeur
secondary teacher	le professeur
pupil	l'élève ; le collégien (attending the collège) le lycéen (attending the lycée)
school secretary	le/la secrétaire
school caretaker	le/la concierge or l'intendant(e)
class	le cours
break	la récréation or la pause
lunch-time	l'heure du déjeuner or la pause de midi
the bell	la cloche or la sonnerie
the end of lessons	la fin des cours
term	le trimestre
holidays	les vacances
summer holiday	les grandes vacances
timetable	un emploi du temps
school period	une heure de cours
school subject	la matière
Art	le dessin
Biology	la biologie
Chemistry	la chimie
Civics	l'instruction civique
English	l'anglais
French	le français
Geography	la géographie
German	l'allemand
History	l'histoire
Technical drawing (DT)	le dessin industriel
Information technology	l'informatique
Italian	l'italien

Maths les mathématiques *(usually referred to as* les maths*)*

Music	la musique
Philosophy	la philosophie
P.E.	l'E.P. (éducation physique)
Physics	la physique
Natural Science	les sciences naturelles *(see* biologie*)*
Russian	le russe
Spanish	l'espagnol
Technology	la technologie
building	le bâtiment
classroom	la salle de classe
corridor	le couloir
science lab	le laboratoire scientifique *(usually referred to as* le labo*)*
gym	le gymnase
changing rooms	les vestiaires
lockers	les casiers
games pitch	le terrain de sport
music room	la salle de musique
library	la bibliothèque
computer room	la salle d'informatique *or* la salle des ordinateurs
toilets	les toilettes
assembly hall	le hall
desk	le bureau
black/white board	le tableau
projector	le projecteur
overhead-projector	le rétroprojecteur
computer	l'ordinateur
book	le livre
exercise book	le cahier
pen	le stylo (biro)
fountain pen	le stylo-plume
homework	les devoirs
pencil	le crayon à papier
eraser	la gomme
calculator	la calculette
ruler	la règle
report	le rapport
school bag	le sac de classe
sports kit	le sac de gym / de sport *or* les affaires de gym / de sport

Useful verbs

to recite	réciter
to read	lire
to speak / to talk	parler
to listen	écouter
to discuss	discuter
to write	écrire
to copy	copier
to take notes	prendre des notes
to be quiet	se calmer
to learn by heart	apprendre par cœur
to do one's homework	faire ses devoirs (*secondary school*) ; apprendre sa/ses leçon(s) (*primary school*)
to get a good/bad mark	avoir une bonne/ mauvaise note
to sit an exam	passer un examen
to pass a test	réussir un examen
to fail a test	échouer à un examen
to re-sit	repasser

4.2 Further and higher education

School is compulsory until the age of 16 years. After that age, one may go to university (usually at 18), enrol as an apprentice to a Master for training in a trade, go to specialist schools in areas such as fashion design, architecture, art, music, etc., or start as a junior with an employer.

France also has an élite further education system called Les Grandes écoles, originally founded by Napoleon I, essentially for engineering.

Core vocabulary

college / technical college	IUT, un Institut universitaire de technologie
university	l'université
faculty	la faculté
lecture	le cours magistral (CM)
seminar / tutorial	les TD, les travaux dirigés
professor / lecturer	le/la professeur (*usually referred to as* le/la prof)

student	l'étudiant
research student	le thésard
graduate	un(e) jeune diplômé(e)
undergraduate	un étudiant de premier ou second cycle
apprentice	l'apprenti
trainee	le stagiaire
examination	l'examen
curriculum	le curriculum
level	le niveau
mark	les notes
grade	l'année
research	la recherche
paper (research paper)	un papier
a report	un rapport
a training / work experience report	un rapport de stage
essay	une dissertation
dissertation	un mémoire
thesis	une thèse

Useful verbs

to present a paper	présenter un papier
to do a sandwich course	suivre une formation en alternance
to study part-time	faire des études à mi-temps
to attend evening class	prendre/suivre des cours du soir
to do work experience	faire un stage
to correct	corriger
to explain	expliquer
to learn	apprendre
to qualify	passer un examen de qualification professionnelle
to register/enrol	s'inscrire
to study	faire des études
to teach	enseigner
to translate	traduire
to understand	comprendre
to do research	faire des recherches, faire une recherche

passer un examen	to sit an exam
réussir un examen	to pass an exam
le/la candidat/e	applicant
le concours	competition exam
la scolarité	school cursus
un stage	work experience, or professional/ vocational qualifying training
un cours	a class
des cours	a course

05

at home

5.1 The house

Core vocabulary

house	la maison
at home	chez soi
apartment / flat	un appartement
level	le niveau
studio	le studio
block of flats	un immeuble
the building	le bâtiment
floor / storey	l'étage
ground floor	le rez-de-chaussée
first floor	le premier étage
second floor	le deuxième étage
basement	le sous-sol
cellar	la cave
attic	le grenier
stairs	l'escalier
lift	l'ascenseur
garage	le garage
cottage	une maison individuelle
farm	une ferme
chalet	un chalet
villa	une villa
council flat/house	un logement HLM (Habitation à Loyer Modéré)
semi-detached house	une maison jumelle
terrace house	une maison en rangée
central heating	le chauffage central
solar heating	le chauffage solaire
double glazing	le double-vitrage
double windows	le double-fenêtrage
gas	le gaz
electricity	l'électricité
oil	le fuel *or* le mazout
oil tank	la fosse à mazout
water	l'eau
telephone	le téléphone
mains sewerage	le tout-à-l'égout
septic tank	la fosse septique
sound proofing	l'insonorisation
insulation	l'isolation (thermique, acoustique ...)

shutter	le volet
roller shutter	le store
sliding shutter	le volet roulant
burglar alarm	l'alarme antivol
fire alarm	l'alarme incendie
outside	dehors
balcony	le balcon
roof	le toit
slate	une ardoise
roof tile	une tuile
terrace	la terrasse
conservatory	le jardin d'hiver *or* la véranda
garden	le jardin
backyard	la cour
gate	la barrière
path	une allée
lawn	la pelouse
flower bed	la plate-bande
vegetable garden	le potager
greenhouse	la serre
situation	l'exposition
view	la vue
stone	la pierre
brick	la brique
timber	le bois
concrete	le ciment
the main walls / framework of a building	le gros œuvre

Useful verbs

to buy	acheter
to sell	vendre
to put on the market	mettre en vente
to let	louer
to rent	louer
to advertise	passer une annonce
to view (a house)	visiter
to show (a house, a property)	faire visiter
to make an appointment	prendre rendez-vous
to lock up	fermer

Useful phrases

the house overlooks the bay	la maison donne sur la baie
a central position	une situation centrale
close to all services	à proximité du centre / des magasins
in the town centre	dans le centre-ville
in a residential area	dans un quartier résidentiel
in the suburbs	dans la banlieue
in the country	dans la campagne

5.2 Rooms

Core vocabulary

room	la pièce
entrance	l'entrée *or* le vestibule
kitchen	la cuisine
dining room	la salle à manger
sitting room	la salle de séjour
drawing room	le salon
bedroom	la chambre
play room	la salle de jeux
bathroom	la salle de bain
shower room	la salle d'eau *or* la salle de douche
cloakroom	la penderie
toilet	les toilettes
study	le bureau
hall	le hall
landing	le palier
stairs	l'escalier
step	une marche
utility room	la buanderie
junk room	le débarras
pantry	la dépense
window	la fenêtre
window sill	le rebord de la fenêtre
French window	la porte-fenêtre
radiator	le radiateur
floor	le sol
ceiling	le plafond
door	la porte
wall	le mur
central heating	le chauffage central
heater	la chaudière

water heater	le ballon d'eau chaude
lock	le verrou
key	la clef
plug	la bonde
socket	la prise
switch	l'interrupteur
handle	la poignée
door knob	le bouton de porte
fuse box	la boîte à fusibles
fuse	le fusible
fuse coil	la bobine du fusible
torch	la torche or la lampe de poche
power failure	la panne d'électricité
curtain	le rideau
blind	le store
carpet	le tapis
fitted carpet	la moquette
rug	le tapis
tile (floor/wall)	le carreau
tiling	le carrelage
flooring	le revêtement de sol
wallpaper	le papier peint
paint	la peinture
coating	l'enduit
coat	la couche
varnish	le vernis
paintbrush	le pinceau
ladder	une échelle

Useful phrases

upstairs	en haut (everyday) ; à l'étage (technical)
downstairs	en bas or au rez-de-chaussée
on the first floor	au premier étage
in the basement	au sous-sol
in the attic	au grenier
Where is ...?	Où est ... ?
How does it work?	Comment est-ce que ça marche ?

Useful verbs

to turn on/off	allumer / éteindre
to switch on/off	allumer / éteindre

5.3 Furniture and contents

Core vocabulary

In the sitting room *dans la salle de séjour*

armchair	le fauteuil
easy chair	le fauteuil
settee / sofa	le canapé
coffee table	la table basse
bookcase	une étagère
lamp	une lampe
picture	un tableau
television	la télévision
video recorder	le magnétoscope
DVD player	le lecteur DVD
remote control	la commande (à distance)

In the bedroom *dans la chambre*

bed	le lit
bedside table	la table de chevet
chair	la chaise
wardrobe	l'armoire
chest of drawers	la commode
mirror	le miroir
built-in cupboard	le placard
shelf	une étagère
bedding	la literie
pillow / pillow case	l'oreiller / la taie d'oreiller
quilt	la couette
quilt cover	la housse de couette
sheet	le drap
fitted sheet	le drap-housse

In the bathroom *dans la salle de bain*

bathroom fixtures	les éléments de salle de bain
bathtub	la baignoire
plug	la bonde
mirror	le miroir
shelf	la tablette
enlarging mirror	le miroir grossissant
bidet	le bidet
towel stand/rail	le porte-serviettes
shower	la douche
shower head	la pomme de douche
wash basin	le lavabo

tap	le robinet
hot/cold water tap	le robinet d'eau chaude/froide
toilet bowl	la cuvette des toilettes
razor	le rasoir
tooth brush	la brosse à dents
tooth paste	le dentifrice
shampoo	le shampoing
conditioner	l'après-shampooing *or* le conditionneur
hairdryer	le sèche-cheveux
soap	le savon
hand towel	la serviette pour les mains
bath towel	la serviette de bain
bath sheet	le drap de bain
wash cloth	le gant de toilette
deodorant	le déodorant

Useful phrases

Where is/are …?	Où est/sont … ?
It's on the table.	Il/elle est sur la table.
under the bed	sous le lit
in the armchair	sur le fauteuil
in the cupboard / drawer	dans le placard / le tiroir
Can I have a clean…?	Est-ce que je pourrais avoir un/une/des … propre(s) ?
How does the television / oven work?	Comment marche la télévision / le four ?

Useful verbs

to do housework	faire le ménage
to wash	laver
to clean	nettoyer *or* laver
to vacuum	passer l'aspirateur
to sweep	balayer
to make the beds	faire les lits

5.4 In the kitchen

Core vocabulary

| table | la table |
| chair | la chaise |

stool	le tabouret
drawer	le tiroir
cupboard	le placard
shelf	une étagère
sink	l'évier
refrigerator	le réfrigérateur
fridge	le frigidaire
oven	le four
hot plate	la plaque
grill	le grill
dishwasher	le lave-vaisselle
washing machine	le lave-linge *(usually referred to as* la machine*)*
tumble drier	le sèche-linge
mixer	le mixeur
plate	l'assiette
soup plate	l'assiette creuse
bowl	le bol
dish	le plat
cup	la tasse
saucer	la soucoupe
mug	le mug *or* le pot
jug	la carafe *or* le pichet
teapot	la théière
coffee pot	la cafetière
sugar bowl	le sucrier
knife	le couteau
fork	la fourchette
spoon	la cuillère
salt	le sel
salt container	la salière
pepper	le poivre
pepper container	le poivrier
mustard	la moutarde
teaspoon	la cuillère à café
soup spoon	la cuillère à soupe
dessert spoon	la petite cuillère
serving spoon	une cuillère pour servir
serving spoon and fork	le couvert de service
carving knife	un couteau à découper
bread knife	un couteau à pain
kitchen knife	un couteau de cuisine

butter knife	un couteau à beurre
glass	un verre
wine glass	un verre à vin
champagne flute	une flûte à champagne (*thin and tall*)
water glass	un verre à eau
tumbler	un gobelet

Waste *les dechets ménagers*

rubbish	les ordures
left overs	les restes
packaging	un emballage
plastic bag	un sac en plastique
kitchen bin / waste bin	la poubelle de cuisine / la poubelle à ordures
bin liner	le sac-poubelle
dustbin	la corbeille à papier
recycling	le recyclage
bottle bank	le container à verres
waste collection site/centre	la déchetterie
compost	le compost

For cleaning *pour nettoyer*

vacuum cleaner	l'aspirateur
broom	le balai
duster	le chiffon
brush	la brosse
brush and dustpan	la balayette et la pelle
cleaning materials	les produits nettoyants
scrubbing brush	la brosse à récurer
floor mop	le balai laveur
detergent	le détergent

Useful phrases

I *like/dislike cooking.*	J'aime faire / Je n'aime pas faire la cuisine.
I *don't know how to cook.*	Je ne sais pas faire la cuisine.
I *don't cook.*	Je ne fais jamais de cuisine.
I'll do the washing up / the dishes.	Je vais faire la vaisselle.

Useful verbs

Cooking terms   *des mots pour faire la cuisine*

mix	mélanger
beat	battre
roast	faire rôtir
toast	faire griller
bake	faire cuire au four
steam	faire cuire à l'étuvée / à la vapeur
grill	faire griller
barbecue	faire cuire au barbecue
peel	éplucher
cut	couper
slice	couper en tranches
chop	couper en rondelles

5.5 Outside

Core vocabulary

garage	le garage
shed	l'appenti
footpath	l'allée
gate	la barrière

In the garden   *dans le jardin*

flower bed	la plate-bande
lawn	la pelouse
flower	la fleur
plant	la plante
bush	le buisson
shrub	un arbuste
tree	un arbre
grass	l'herbe
weeds	les mauvaises herbes
herbs	les fines herbes
bulb	un oignon *or* un bulbe

Trees   *les arbres*

beech	le bouleau
chestnut	le châtaigner
horse chestnut	le marronnier
elm	l'orme

hazel	le noisetier
holly	le houx
oak	le chêne
plane tree	le platane
sycamore	le sycomore
willow	le saule
weeping willow	le saule pleureur

Flowers *les fleurs*

carnation	l'œillet
chrysanthemum	le chrysanthème
daffodil	la jonquille
rose	la rose
sweet pea	le pois de senteur
tulip	la tulipe
red poppy	le coquelicot
poppy	le pavot
lily of the valley	le muguet

Garden tools *les outils de jardinage*

fork	une fourche
hoe	une houe
spud	la houlette
rake	un râteau
spade	une pelle *or* une bêche
scraper	le grattoir
lawnmower	la tondeuse
wheelbarrow	la brouette
garden tractor	le motoculteur
basket	le panier
watering can	l'arrosoir
hose	le tuyau d'arrosage
sprinkler	l'arroseur
weedkiller	le désherbant
fertilizer	le fertilisateur

Insects and pests *les insectes et les animaux nuisibles*

ant	la fourmi
bee	l'abeille
fly	la mouche
greenfly	le puceron
horsefly	le taon
maybug	le hanneton
mosquito	le moustique
long leg (non biting) mosquito	le cousin

spider	l'araignée
harvest spider	le faucheux
wasp	la guêpe

Garden furniture   *les meubles de jardin*

barbecue	le barbecue
table	la table
deck chair	le transat
lounger	la chaise longue
bench	le banc
swing	la balançoire
slide	le toboggan

Useful phrases

It needs to be weeded.	Il faudrait désherber.
It needs to be watered.	Il faudrait arroser.
The grass needs to be cut.	Il faudrait tondre.
They are ripe / not ripe.	Ils/Elles sont mûr(e)s / Ils/Elles ne sont pas mûre(e)s.
I like gardening.	jJ'aime jardiner *or* travailler dans le jardin.
He/She has green fingers.	Il/Elle a la main verte.
I am allergic to ...	Je suis allergique à ...
I have been stung!	Je me suis fait piquer !

Useful verbs

to dig	creuser *or* bêcher
to plant	planter
to grow	faire pousser
to weed	désherber
to water	arroser
to pick	cueillir
to cut the grass	tondre la pelouse

5.6 Tools and DIY

Core vocabulary

Tools   *les outils*

| drill | une perceuse |
| drill bit | la mèche |

hammer	le marteau
pincers	la tenaille
pliers	la pince
saw	la scie
chainsaw	la scie sauteuse
screwdriver	le tournevis
spanner	la clef à molette
staple gun	une agrafeuse
tape measure	un mètre pliant / un mètre ruban

DIY   *le bricolage*

nail	un clou
bolt	un boulon
nut	un écrou
staple	une agrafe
brush	une brosse
paint brush	un pinceau
scissors	les ciseaux
sandpaper	le papier de verre
ladder	une échelle
stepladder	un escabeau
window pane	la vitre
window frame	l'encadrement
sliding window	la fenêtre coulissante
scaffold	un échafaudage

Plumbing and electricity   *la plomberie et l'électricité*

pipe	un tuyau
tap	un robinet
wire	un fil électrique
bulb	une ampoule
fuse	le fusible
plug	la bonde
socket	la prise
switch	l'interrupteur

Useful phrases

Can you fix it?	Est-ce que vous pouvez le réparer ?
to fix/mend	réparer
DIY shop	le magasin de bricolage

Useful verbs

to *DIY*	bricoler *or* faire du bricolage
to *fix something to a wall*	accrocher quelque chose
to *screw*	visser
to *unscrew*	dévisser
to *hammer*	taper avec un marteau
to *nail*	clouer
to *drill*	percer
to *fasten*	attacher
to *cut*	couper
to *rub down (sandpaper)*	passer au papier de verre
to *paint*	peindre
to *plane*	aplanir *or* égaliser
to *glue*	coller
to *solder*	souder
to *weld*	souder

06

entertaining and food

6.1 Issuing an invitation and making arrangements

a party	une fête *or* une soirée *(if it is taking place in the evening)*
a birthday	un anniversaire
an anniversary	un anniversaire
an engagement	les fiançailles
a wedding	le mariage
a celebration	la fête
Silver wedding	les noces d'argent
Golden wedding	les noces d'or
an invitation	une invitation
a reply	une réponse
an acceptance	une acceptation
a refusal	un refus
an excuse	une excuse
a thank you letter	une lettre de remerciement
a cake	un gâteau
champagne	le champagne
a toast	porter un toast à ... *or* lever son verre à la santé de ...
a present	un cadeau
cheers!	À la vôtre ! *or* À la bonne vôtre ! *or* à la tienne ! *or* Chin ! *or* Santé !

Useful phrases

Let's have a party.	Et si on organisait une fête ?
Let's dance.	Et si on dansait ?
I would like to propose a toast.	Je propose de porter un toast à ...
I would like to thank our hosts.	J'aimerais remercier nos hôtes / notre hôte / notre hôtesse pour / de ...
I've got a hangover.	J'ai mal aux cheveux. *or* J'ai la gueule de bois.

Useful verbs

to party	faire la fête
to eat	manger
to drink	boire

to toast (the bride)	porter un toast à la mariée
to enjoy onseself	s'amuser
to overindulge / have too much	trop boire / trop manger
to get drunk	trop boire *or* se saouler
to feel sick	se sentir mal *or* avoir envie de vomir

6.2 Dinner

Core vocabulary

dinner	le dîner
menu	la carte *or* le menu (*the latter refers to a set menu*)
starter	l'entrée *or* le hors-d'œuvre
soup	la soupe
fish	le poisson
main course	le plat principal (*often referred to as le plat*)
dessert	le dessert
cheese	le fromage
coffee	le café

Drinks   *les boissons*

soft drink	une boisson sans alcool
orange juice	un jus d'orange
pineapple juice	un jus d'ananas
water	l'eau
mineral water	une eau minérale
fizzy	une eau minérale pétillante *or* gazeuse
still	une eau minérale plate
apperitif	un apéritif
cocktail	un cocktail
sherry	un xérès *or* un porto
gin and tonic	un gin tonic
red wine	le vin rouge
white wine	le vin blanc
champagne	le champagne
brandy	un alcool fort (un cognac, un calvados, une mirabelle, etc.)
liqueur	une liqueur

Les entrées *or* hors-d'œuvres *starters*
A few examples:

une douzaine d'escargots	*a dozen snails grilled in garlic and parsley butter*
œuf cocotte à la truffe	*an egg baked in the oven in a ramekin put in a water bath, with crème fraîche on Cornish clotted-cream and double-cream, herbs and, in this instance, shavings of truffles*
jambon de pays	*raw/cured/smoked ham on the bone, thinly sliced*
pâté chaud de caille	*a boned quail baked in a puff pastry casing*
turban de saumon	*mousse-type dish laced with salmon strips marinated in lemon juice*

Les soupes *soups*
A few examples:

potage de laitue	*smooth lettuce and cream soup*
soupe au potiron	*smooth pumpkin and cream soup*
soupe froide au thon	*a kind of liquid salsa with red tuna, tomatoes, goat's cheese, olive oil and basil*
soupe du pêcheur	*literally, 'fisherman's soup' – its ingredients will vary depending on the season and the region*
bouillabaisse	*fish soup from Marseilles*

Les plats *main courses*
A few examples:

Les poissons *fish*

filet de carpe au pouligny saint pierre	*carp filet in a crème fraîche and goat's cheese sauce*
lotte à la basquaise	*monkfish with tomatoes, sweet chillies, garlic, onions and olive oil*
truite meunière	*pan-fried trout served in a butter and crème fraîche sauce*

| filet de sandre au lard | *pikeperch filet wrapped in a thin layer of bacon* |
| turbot au bouzy rouge | *turbot with a red wine sauce from the Champagne region* |

Les viandes *meat*

ris de veau au riesling	*veal sweet brain in a dry white wine and cream sauce*
tête de veau gribiche	*various veal offals served with a 'gribiche' sauce*
râbles de lapin aux figues	*pan-fried rabbit backs and figs in a cinnamon and honey sauce*
magrets de canard au citron vert	*duck cutlets in a lime sauce*
joue et queue de bœuf sauce marchand de vin	*beef tail and cheek in a red wine and shallot sauce*

Les légumes *vegetables*

les pommes de terre	*potatoes*
les frites	*chips*
les haricots verts	*green beans*
les épinards	*spinach*
les navets	*turnips*
les carottes	*carrots*
une mousse de céleri	*celeriac mousse*
une mousse de carotte	*carrot mousse*
une mousse de poireaux	*leek mousse*
une purée de petits oignons	*white, spring onion sauce*
une salade verte	*green salad*
le riz	*rice*

Les fromages *cheese*

There is a saying according to which France has as many cheese varieties as there are days in a year ... 365!

Try the cheeses of the region in which you are: they will be at their best. Indeed, 'real' cheese doesn't like travelling.

Les desserts *desserts*

A few examples:

blanc-manger	*coconut mixed and whipped with cream, served chilled*
chocolaté aux griottines	*chocolate sponge cake with chocolate cream and baby morello cherries*
poires au vin et aux épices	*pear soup made with wine and cinnamon, aniseed and cloves*

moëlleux aux framboises	*a sponge-type cake rolled around an almond filling with raspberries*
coupe de marrons	*a sweet chestnut cream served on a meringue base*
les glaces et les sorbets	*ice-cream and sorbets*

Drinks *les boissons*

coffee (black)	un café
coffee (white)	un café avec du lait
espresso	un expresso
cappuccino	un cappuccino
latte	le lait
coffee with milk	un café avec un peu de lait
sugar	le sucre
sweetener	une sucrette
without sugar	sans sucre
decaffeinated coffee	un café décaféiné
tea	le thé
China tea	le thé de Chine
herbal tea	une tisane
fruit tea	un thé parfumé à ...
green tea	le thé vert
with lemon	avec une rondelle de citron
with milk	avec du lait

Useful phrases

I have a special diet.	Je suis au régime.
I am allergic to ...	Je suis allergique à ...
I don't eat ...	Je ne mange pas de ...
I can't eat ...	Je ne peux pas manger de ...
I am a vegan.	Je suis végétalien(-ne).
I am a vegetarian.	Je suis végétarien(ne).
I have to have a gluten-free diet.	Je suis (*from* suivre) un régime sans gluten.
I am diabetic.	Je suis diabétique.

Useful verbs

to like / dislike	aimer / ne pas aimer
to eat	manger
to drink	boire
to prefer	préférer
to love	adorer

6.3 Meals

Core vocabulary

meal	le repas
mealtimes	l'heure des repas
breakfast	le petit-déjeuner
elevenses	la pause café
lunch	le déjeuner
afternoon tea	le thé, le goûter
dinner	le dîner
supper	le souper

Breakfast   *le petit-déjeuner*

cereal	les céréales
wheat	le blé *and* le froment
oats	l'avoine
barley	l'orge
rye	le seigle
bran	le son
muesli	le müsli
milk	le lait
semi-skimmed milk	le lait demi-écrémé
skimmed milk	le lait écrémé
soya milk	le lait de soja
goat's milk	le lait de chèvre
ewe's milk	le lait de brebis
cream	la crème
yoghurt	le yaourt
bacon	le bacon
eggs	les œufs
scrambled	les œufs brouillés
poached	les œufs pochés
soft boiled	les œufs à la coque
hard boiled	les œufs durs
fried	les œufs sur le plat
sausages	les saucisses
tomatoes	les tomates
mushrooms	les champignons
fried	frits
grilled	grillés
tinned	en boîte
baked beans	des flageolets à la sauce tomate en boîte

pancake	une crêpe
maple syrup	le sirop d'érable
ham	le jambon
salami	le salami
cheese	le fromage
bread	le pain
white bread	la baguette, le pain de deux livres, etc.
wholemeal	le pain complet
sliced	le pain tranché
organic	le pain bio
roll	un petit pain individual
croissant	un croissant
Danish pastries	un pain au chocolat, un pain aux raisins, un croissant à à la frangipane, etc.
butter	le beurre
margarine	la margarine
low-fat spread	le beurre sans matières grasses
jam	la confiture
marmalade	la confiture d'oranges
honey	le miel
peanut butter	le beurre de cacahuètes
tea	le thé
coffee	le café
milk	le lait
cold milk	le lait froid
hot milk	le lait chaud
hot chocolate	le chocolat chaud
fruit juice	le jus de fruit
orange juice	le jus d'orange
freshly-squeezed orange juice	une orange pressée

Useful phrases

I don't eat breakfast.	Je ne petit-déjeune jamais *or* Je ne prends jamais de petit déjeuner.
I only eat …	Je ne mange que …
I don't drink milk.	Je ne bois pas de lait.
I have my breakfast at …	Je petit-déjeune à … *or* Je prends mon petit déjeuner à …

6.4 Snacks

burger	un burger
cheeseburger	un cheeseburger
hamburger	un hamburger
fishburger	un fishburger
yoghurt	un yaourt
biscuit	un petit gâteau
chocolate biscuit	un petit gâteau au chocolat
piece of cake	une tranche / une part de gâteau
bun	un petit pain
sweets	des bonbons
snacks	les en-cas *or* sur le pouce
sandwich	un sandwich
in brown bread	avec du pain complet
in white bread	avec du pain blanc
in a roll	dans un petit pain individual
with mayonnaise	avec de la mayonnaise
without mayonnaise	sans mayonnaise

Useful phrases

Can I offer you a cup of coffee?	Je vous offre un café ?
How do you take it?	Qu'est-ce que vous mettez dedans ?
With milk or without milk?	Avec ou sans lait ?
Do you take sugar?	Vous prenez du sucre ?
Have you got a sweetner?	Est-ce que vous avez des sucrettes ?
Would you like a biscuit?	Voulez-vous un petit gâteau ?
I am on a diet.	Je suis au régime.
I watch what I eat.	Je fais attention à ce que je mange.
I keep an eye on my figure.	Je fais attention à ma ligne.
I don't take ...	Je ne prends pas de ...
It's too hot/cold/spicy.	C'est trop chaud/froid/épicé.
It isn't cooked properly.	Ce n'est pas assez cuit pour moi.
It is delicious!	C'est délicieux !

6.5 Fruit and vegetables

Core vocabulary

Fruit *les fruits*

apple	la pomme
cooking apple	une pomme à compote
dessert apple	une pomme à couteau
apricot	un abricot
banana	une banane
grapes red/white	le raisin rouge/blanc
cherry	la cerise
melon	le melon
peach	la pêche
pear	la poire
plum	la prune
raspberry	la framboise
rhubarb	la rhubarbe
strawberry	la fraise
watermelon	la pastèque

Vegetables *les légumes*

artichoke	un artichaut
aubergine	une aubergine
bean	le haricot
green bean	le haricot vert
beetroot	la betterave
broccoli	le broccoli
brussels sprout	le choux de Bruxelles
cabbage	le choux
red cabbage	le choux rouge
carrot	la carotte
cauliflower	le choux-fleur
chicory	une endive
celery	le céleri (en branches)
celeriac	le céleri rave
courgette	la courgette
cucumber	le concombre
garlic	l'ail
leek	le poireau
lentils	les lentilles
lettuce	la laitue
mushroom	le champignon
olive	l'olive

onion	l'oignon
potato	la pomme de terre
sweet potato	la patate douce
pumpkin	le potiron
radish	le radis
shallot	une échalote
spring onion	un oignon de printemps
sweetcorn	le maïs
corn on the cob	un épi de maïs
turnip	le navet
tomato	la tomate
spinach	les épinards
watercress	le cresson

Citrus fruits   *les agrumes*

clementine	la clémentine
grapefruit	le pamplemousse
lemon	le citron
lime	le citron vert
orange	une orange
tangerine	la mandarine

Berries   *les baies*

blackcurrant	le cassis
blueberry / bilberry	la myrtille
cranberry	une airelle
gooseberry	une groseille à maquereaux
redcurrant	une groseille

Exotic fruits   *les fruits exotiques*

avocado	un avocat
coconut	une noix de coco
date	la datte
fig	la figue
kiwi	le kiwi
mango	la mangue
passion fruit	le fruit de la passion
pineapple	un ananas

Nuts   *les noix*

almond	une amande
brazil	une noix du Brésil
cashew	une noix de cajou
hazel	une noisette
peanut	une cacahuète

pistachio   une pistache
walnut   une noix

6.6 Fish and meat

Core vocabulary

Fish *les poissons*

anchovy   un anchois
cod   la morue or le caubillaud
haddock   le haddock
hake   le colin
herring   le hareng
halibut   le flétan
mackerel   le maquereau
plaice   la plie
red mullet   le rouget
salmon   le saumon
sardine   la sardine
sea bass   le bar
sea bream   la dorade
skate   la raie
sole   la sole
tuna   le thon
whiting   le merlan
eel   une anguille
jelly fish   une méduse
octopus   la pieuvre
squid   la seiche

Seafood *les fruits de mer*

clam   la palourde
cockle   une coque
common crab   le tourteau
crab   un crabe
crayfish   une écrevisse
gambas   les gambas
langoustine   la langoustine
lobster   un homard
mussel   la moule
oyster   une huître
prawn   le bouquet
shellfish   les coquillages
shrimp   la crevette

Freshwater fish   *les poissons de rivière*

perch	la perche
pike	le brochet
pikeperch	le sandre
trout	la truite

Meat   *la viande*

beef	le bœuf
lamb	l'agneau
pork	le porc
veal	le veau
ham	le jambon
liver	le foie
kidney	le rognon

une andouille	*a sausage made of chitterlings, eaten cold in thin slices*
une andouillette	*a smaller sausage than* une andouille *served cooked*
le boudin blanc	*white pudding*
le boudin noir	*black pudding*
la merguez	*a spicy, thin sausage from the Mediterranean, served hot*

Poultry   *les volailles*

capon	le chapon
chicken	le poulet
turkey	la dinde
duck	le canard
fowl	la poule
goose	une oie
partridge	la perdrix
pigeon	le pigeon
quail	la caille

Game   *le gibier*

grouse	le coq de bruyère
hare	le lièvre
pheasant	le faisan
rabbit	le lapin
venison	le chevreuil
wild boar	le sanglier

La charcuterie   *cold cuts, mostly from pork*

le salami	*salami*
le saucisson sec	*a thin, dry kind of salami*
les rillettes	*a loose, bitty terrine made of pork fat and meat*
une terrine de ...	*a dish made of pork, baked in the oven. Served cold with bread.*
le jambon blanc *ou* de Paris	*cooked ham*
le jambon fumé	*cured and smoked raw ham*
le jambon de pays	*a regional variation of the above*
le pâté	*a smooth terrine*

6.7 Some recipe terms

make a cake	faire un gâteau
ingredients	les ingrédients
flour	la farine
self-raising flour	la farine auto-levante
raising agent (baking powder)	la levure
cornflour	la maïzena
sugar	le sucre
butter	le beurre
salt	le sel
vanilla / almond essence	l'extrait de vanille / d'amande
melted chocolate	le chocolat fondu
grated lemon rind	l'écorce de citron râpée
the juice of an orange	le zeste d'une orange
chopped walnuts	les noix écrasées
grated chocolate	le chocolat râpé
weighing scales	la balance de cuisine
mixing bowl	le bol du mixeur
wooden spoon	la cuillère en bois
mixer	le mixeur
grater	la râpe
sieve	le chinois
baking tin	le moule à gâteau
oven	le four
oven glove	la manique
saucepan	la casserole
casserole	le faitout *or* la cocotte

07

in the town

7.1 The town plan and the sights

Core vocabulary

About the town *vivre en ville*

bank	la banque
cash dispenser	le distributeur de billets de banque
bus station	la gare routière
train station	la gare ferroviaire
car park	le parking
ticket issuing machine	un horodateur
parking meter	le parcmètre
cinema	le cinéma
football ground	le terrain de football
rugby ground	le terrain de rugby
hospital	l'hôpital
clinic	la clinique
hotel	un hôtel
library	une bibliothèque
market	le marché
opera house	l'opéra
post office	la poste
public toilets	les toilettes publiques
swimming pool	la piscine
theatre	le théâtre
tourist office	l'office du tourisme
town hall	la mairie *or* l'hôtel de ville (*in larger cities*)
underground station	la station de métro
bus stop	l'arrêt de bus
law court	le tribunal *or* le palais de justice
police station	le commissariat

The sights *les endroits à visiter*

bridge	le pont
castle	le château
cathedral	la cathédrale
chapel	la chapelle
church	l'église
fountain	la fontaine
gardens	le jardin public
monument	le monument

museum	le musée
old town	la vieille ville
park	le parc
river	la rivière
square	la place
statue	la statue
area / neighbourhood	le quartier
region	la région
town	la ville
constituency	la circonscription
city council	le conseil municipal or la municipalité
council offices	les services municipaux
built-up area	une zone construite
suburb	la banlieue or les faubourgs
town centre	le centre
industrial zone	une zone industrielle
enterprise zone	une pépinière d'entreprise
commercial zone	une zone commerciale
opening times	les heures d'ouverture
open	ouvert
closed	fermé
holidays	les vacances
bank holiday	le jour férié
annual holiday	les congés annuels

Useful verbs

to meet someone (to have arranged / agreed to)	retrouver / se retrouver

> **i** 'To meet' may also be translated with **rencontrer**. Heads of state who meet, **se rencontrent; rencontrer** is also used to describe a neighbour that you see every morning on your way to work.

to look for	chercher
to be situated	se trouver

Useful phrases

I am looking for the rue des Carmes.	Excusez-moi, je cherche la rue des Carmes.

Could you possibly tell me where the nearest underground is?	Pourriez-vous m'indiquer la station de métro la plus proche, s'il vous plaît ?
Let's meet in front of the train station.	On se retrouve devant la gare ?
Where is it?	C'est où ?
in the centre	dans le centre
on (name) street	dans la rue (name)
next to the post office	à côté de la poste
very near the university campus	tout près du campus universitaire
opposite the Central European bank	en face de la Banque des pays d'Europe centrale
on the market place	sur la place du marché
just as you come out of the underground station	juste à la sortie du métro

7.2 Getting around town

Core vocabulary

road	la route
street	la rue
avenue	une avenue
pavement	le trottoir
gutter	le caniveau
pedestrian crossing	le passage pour piétons
pedestrian zone	la zone piétonnière
traffic lights	les feux (de la circulation)
crossing lights	les feux (de la circulation)
traffic warden	l'agent de la circulation
'green man'	le 'petit bonhomme vert'
subway (foot passage)	le passage souterrain pour piétons

How do I get into town?	comment faire pour aller en ville?
by car	en voiture
by bus	en bus
by tram	en tramway
by subway (metro)	en métro

Parking the car se garer	
in a car park	dans un parking
multi-storey car park	dans un parking aérien

underground car park	dans un parking souterrain
full	complet
spaces	libre
entrance	entrée
ticket machine	le distributeur de tickets
change	la monnaie
credit card	la carte de crédit
ticket	le ticket
exit	la sortie
barrier	la barrière
one-way system	sens unique

Useful phrases

crossing the road	traverser la rue
use the crossing	traverser au passage pour piétons
don't cross	ne pas traverser
there's a car coming	Voilà une voiture !
wait for the green man	attendre que le feu passe au vert pour les piétons

Asking for help   *demander son chemin*

Excuse me …	Excusez-moi *or* pardon madame *or* pardon monsieur
Can you tell me …	Pourriez-vous m'indiquer …
How to get to the station?	La gare, s'il vous plaît ?
Where is the nearest car park?	Excusez-moi, je cherche un parking.
When is the next bus?	Pardon madame/monsieur, pourriez-vous me dire à quelle heure est le prochain bus ?

Useful verbs

to walk	marcher
to cross	traverser
to turn left/right	tourner à gauche / à droite
to go straight on	aller/continuer tout droit
to run	courir
to drive	aller (en voiture, à moto, à vélo)
to take the bus	prendre le bus
to catch the bus	attraper le bus
to miss the bus	rater le bus

7.3 Shops and shopping

Core vocabulary

shop	le magasin
bakery	la boulangerie
butcher	la boucherie
cake shop	la pâtisserie
chemist's / pharmacy	la pharmacie
clothes shop	le magasin de vêtements
flower shop	le fleuriste
hairdresser's	le salon de coiffure
market	le marché
shoe shop	le magasin de chaussures
sports shop	le magasin de sport
confectioner's / sweetshop	la confiserie
hyper- / supermarket	l'hyper- / le supermarché
shopping centre	le centre commercial
shopping mall	la galerie marchande
department store	le grand magasin
health food store	le magasin diététique
newsagent's	le marchand de journaux *or* la maison de la presse
optician	l'opticien
dry cleaner's	le pressing
travel agent	l'agence de voyage
store guide	le plan du magasin
escalator	l'escalier roulant
lift	l'ascenseur
ground floor	le rez-de-chaussée
first floor	le premier étage
department	le rayon
bedding	le linge de maison
fashion	la mode
sportswear	le sportswear
leather goods	le cuir
electrical (household) goods	l'électro-ménager
lingerie / hosiery	la lingerie
paperware	la papeterie
accessories	les accessoires
jewellery	la bijouterie
toiletries	la parfumerie et les soins de beauté
sales person	le vendeur, la vendeuse

cash desk	la caisse
changing room	la cabine d'essayage
price	le prix
deposit	les arrhes *or* un accompte
discount	la démarque
loyalty card	la carte de fidélité
sales	les soldes

Useful phrases

How much does it cost?	Combien ça coûte ?
How are you paying?	Vous voulez payer *or* régler comment ?
Are you paying cash?	Vous payez *or* réglez en liquide ?
Do you have the right change?	Auriez-vous l'appoint ?
Will you wrap it as a gift?	Vous pouvez me faire un paquet cadeau, s'il vous plaît ?

Useful verbs

to buy	acheter
to sell	vendre
to look for	chercher
to pay	payer *or* régler
to pay at the cash desk	payer *or* régler *or* passer à la caisse
to prefer	préférer
to go shopping	aller faire des courses *or* aller faire les magasins

---

i **Aller faire les courses** refers to going shopping for food;
aller faire des courses may refer to food but also to any other
items.

---

to order	commander
to deliver	livrer
to window shop	faire du lèche-vitrine
to pay a deposit	verser un accompte *or* des arrhes
to be out of stock	être en rupture de stock

7.4 At the supermarket

Core vocabulary

food *department*	le rayon alimentation
fruit and vegetables	les fruits et les légumes
dairy produce	les produits laitiers
frozen foods	les surgelés
cleaning materials	les produits d'entretien
electrical goods	l'électro-ménager
household appliances	l'électro-ménager
CDs	les CDs
videos	les vidéos
wines and spirits	les vins et spiritueux
drinks	les boissons
bottle of water	une bouteille d'eau
jar of jam	un bocal de confiture
box of paper hankies	une boîte de mouchoirs en papier
tin of tomatoes	des tomates en boîte
packet of biscuits	un paquet de petits gâteaux
tube of toothpaste	un tube de dentifrice

A shopping list   *une liste des courses*

coffee	le café
tea bags	les sachets de thé
loose tea	le thé en vrac
yoghurt	le yaourt
juice	le jus
milk	le lait
water	l'eau
cereals	les céréales
sugar	le sucre
flour	la farine
rice	le riz
pasta	les pâtes
instant meals	les plats tout préparés
microwaveable meals	les plats micro-ondes
detergent	le détergent
for the washing machine	la lessive
for the dishwasher	la poudre lavante pour le lave-vaisselle
for the washing up	le produit vaisselle

stain remover	le détachant
polish	le produit lustrant
shopping trolley	le caddy
basket	le panier
cash machine	le distributeur de billets
check out	la caisse

Useful verbs

to weigh	peser
to ask the assistant to weigh	faire peser
to look for	chercher
to find	trouver
to deliver	livrer

Useful phrases

Where is/are the...?	Où est le/la ... ? Où sont les ...?
On the... department / aisle	dans le rayon / l'allée ...
Where is the gardening section?	Où est le rayon jardinage ?
On the row with the	Dans le même rayon que ... / Dans la même allée que ...
At the far end.	Tout au bout.
On the left/right hand side.	À gauche. / À droite *or* Sur votre gauche. / Sur votre droite.
Is there a restaurant?	Est-ce que vous avez un restaurant ?
What time do you shut?	A quelle heure fermez-vous ?
Are you open on a Sunday?	Est-ce que vous êtes ouvert le dimanche ?

7.5 At the post office and the bank

Core vocabulary

letter box	la boîte aux lettres
post (letters and parcels in general)	le courrier
letter	la lettre
packet	le petit paquet
parcel	le paquet
postcard	la carte postale

writing paper	le papier à lettres
envelope	une enveloppe
a pre-stamped envelope	une enveloppe affranchie
pen (ballpoint)	un stylo
stamp	un timbre
postman (woman)	le postier, la postière
money	l'argent
cash	la monnaie
exact change	l'appoint
coin	la pièce (de monnaie)
note	le billet (de banque)
cheque book	le chéquier
credit card	la carte de crédit
phone card	la carte téléphone
printed matter	un formulaire
recorded delivery	un envoi en recommandé
overnight delivery	un envoi sous 24 heures
air mail	par avion
e-mail	un courriel *or* un email *or* un mèle
a cash transfer	un virement bancaire
date	la date
amount	le montant
signature	la signature
bank code	le code agence
credit card number	le numéro de carte
expiry date	la date d'expiration
balance	le solde
loan	l'emprunt (*from the perspective of the borrower*) le prêt (*from the perspective of the lender*)
mortgage	un emprunt/prêt sur hypothèque

Useful phrases

Insert your card.	Insérez votre carte.
Type in your PIN number.	Composez votre code confidentiel.
Wait ... we are processing your request.	Patientez ... nous traitons votre demande.
Remove your card.	Reprenez votre carte.
Take your money.	Prenez les billets.
Take the receipt.	N'oubliez pas votre facturette.

Fill in the form.	Remplissez le formulaire.
Go to the counter / cash desk.	Allez au guichet / à la caisse.
Where do I have to sign?	Où est-ce qu'il faut que je signe?
How much does it cost to send this to ...?	Combien ça coûte pour envoyer ça à ... ?
By air mail.	Par avion.

Useful verbs

to cash	encaisser
to deposit	déposer
to transfer	virer
to sign	signer
to fill in	remplir

08

in the country

8.1 The countryside

Core vocabulary

In the countryside   *à la campagne*

field	le champ
meadow	la prairie
footpath	le sentier
hill	la colline
mountain	la montagne
stream	le cours d'eau
river	la rivière
lake	le lac
pond	l'étang
valley	la vallée
grass	l'herbe
plant	la plante
wild flower	la fleur sauvage
moss	la mousse
fungi	le champignon
fern	la fougère
bush	le buisson
copse	le taillis
tree	l'arbre
wood	le bois
forest	la forêt
hedge	la haie
fence	la barrière
ditch	le fossé
gate	la barrière (*for a field*) ; le portail (*for an estate*)
stile	le tourniquet
bridge	le pont
ford	le gué
waterfall	la chute d'eau
weir	le barrage
water mill	le moulin à eau
reservoir	le réservoir
dam	la retenue
hydro electric power station	le barrage hydro-électrique
flood	une inondation

Useful phrases

Where shall we go?	Où allons-nous ?
What shall we do?	Qu'est-ce qu'on fait ?

Useful verbs

to go for a walk	aller se promener *or* aller faire une balade
to go swimming (in the sea/ lake)	aller se baigner

> ℹ️ **Aller nager** is used if, for example, you are sunbathing by the pool and decide that you will go into the pool for a swim.

to go hiking	aller faire une randonnée / de la randonnée
to ride a bike	faire du vélo
to go fishing	aller à la pêche

8.2 In the mountains

Core vocabulary

hill	la colline
mountain	la montagne
mountain range	la chaîne montagneuse
mountain pass	le col
mountain path	le sentier
mountain hut/refuge	le refuge de montagne
cable car	le téléphérique
summit	le sommet
the weather	le temps
cloudy	nuageux
rainy	pluvieux
sunny	ensoleillé
dry	sec
windy	venté
easy	facile
moderately difficult	moyennement difficile
difficult	difficile
extreme	extrême

peak	le pic
rock face	la face rocheuse
slope	la pente
gorge	la gorge
cave	le gouffre
climbing equipment	l'équipement d'escalade
rope	la corde
harness	le harnais
carabiner	le mousqueton
nut	un coinceur
pick axe	le piolet
rucksack	le sac à dos
torch	la torche
stove	le poêle
dried food	les aliments séchés
waterproofs	les vêtements imperméables
wedge	le coin
wedging	le coinçage
pen knife	le couteau de poche, *also called* le couteau suisse
flask	une gourde
thermos flask	une thermos
water bottle	la bouteille d'eau
sleeping bag	le sac de couchage
tent	la tente

Useful verbs

to climb	grimper, escalader
to abseil	descendre en rappel
to bivouac	bivouaquer
to hike	randonner
to rock climb	escalader
to ice climb	faire de l'escalade dans les glaciers

Useful phrases

What is the forecast?	Que dit la météo ? / Quel est le temps qui a été prévu ?
How difficult is it?	Quel est le degré de difficulté ?
How long does it take?	Ça prend combien de temps ?

8.3 At the seaside

Core vocabulary

seaside	le bord de la mer
sea	la mer
ocean	l'océan
wave	la vague
harbour	le port
port	le port
beach	la plage
sand	le sable
sandy beach	une plage de sable
sand dune	la dune
cliff	la falaise
shell	le coquillage
pebbles	les galets
pebble beach	une plage de galets
rock	le rocher
little island	un îlot
island	une île
jetty	la jetée
pier	un embarcadère
quay	le quai
pontoon	le ponton
reef	la barre
surf	le ressac
foam	l'écume
spray	les embruns
shore	la côte
estuary	l'estuaire
cape	le cap
promontory	le promontoire
peninsula	la péninsule
sailboat	le bateau à voile
sail	la voile
rowing boat	le bateau à rames
oar	la rame
yacht	le yacht
dinghy	le canot
motor boat	le bateau à moteur
ferry boat	le ferry
car ferry	le ferry
cruiser	le bateau de croisière

liner	le transatlantique
pilot	le pilote
navigation	naviguer
starboard	tribord
port side	bâbord
bow	la proue
stern	la poupe
buoy	la bouée
light house	le phare
mast	le mât
anchor	l'ancre
automatic pilot	le pilote automatique
ropes	les gréments
high tide	la marée haute
low tide	la marée basse
sea-level	le niveau de la mer
calm	calme
choppy	agitée
rough	forte

Useful verbs

to row	ramer
to sail	faire de la voile
to motor	naviguer au moteur
to cast off	appareiller or larguer les amarres
to tie up	s'amarrer

Useful phrases

When is high/low tide?	La mer est haute/basse à quelle heure ?
Where can I moor?	Où est-ce que je peux mouiller ?

8.4 Working in the country

Core vocabulary

agriculture	l'agriculture
bee keeping	l'apiculture
horticulture	l'horticulture
wine growing	la viniculture

forestry	la syviculture
farming	l'agriculture
market gardening	les cultures maraîchères
farmhouse	la (maison de) ferme
barn	la grange
stables	l'écurie
cattle shed	l'étable
cattle	le bétail
cow	la vache
heifer	le bœuf
bull	le taureau
calf	le veau
sheep	le mouton
ewe	la brebis
ram	le bélier
lamb	l'agneau
pig	le cochon
boar	le verrat
piglet	le porcelet
goat	la chèvre
nanny	la bique
billy	le bouc
kid	le chevreau
poultry	les volailles
chicken	le poulet
hen	la poule
cockerel	le coq
capon	le chapon
duck	le canard
duckling	le caneton
goose	l'oie
gosling	l'oison
turkey	la dinde
turkey cock	le dindon
turkey poult	le dindonneau
pheasant	le faisan
hen pheasant	la faisanne
sheep dog	le chien de berger
guard dog	le chien de garde
dog	le chien
bitch	la chienne
puppy	le chiot
cat	le chat
pussy	la chatte
kitten	le chaton

crops	les cultures
hay	le foin
hay stack	une meule de foin
straw	la paille
bee keeper	l'apiculteur
farmer	le fermier / la fermière, *increasingly* l'agriculteur / l'agricultrice
farm worker	l'ouvrier / l'ouvrière agricole
horticulturalist	l'horticulteur / l'horticultrice
vet	le/la vétérinaire
wine grower	le viticulteur / la viticultrice
vineyard	la vigne
vines	les ceps
grapes	les raisins
fruit growing	l'arboriculture *or* la culture fruitière
olive grove	une oliveraie

Farm equipment *le matériel agricole / les machines agricoles*

tractor	le tracteur
trailer	la remorque
plough	la herse
combine harvester	la moissonneuse-batteuse
harvester	la moissonneuse
hay baler	la botteleuse
milking machine	la trayeuse
generator	le groupe électrogène

Useful verbs

to cultivate	cultiver
to plant	planter
to spread fertilizer	épandre *or* faire l'épandage
to weed	désherber
to harvest	récolter
to package	emballer
to feed	nourrir
to milk	traire
to breed	élever
to sow	scier
to pick	cueillir
to harvest	récolter
to pick grapes	vendanger

Useful phrases

Beware of the dog/bull. Attention, chien méchant ! / Attention au taureau !

Please shut the gate. Veuillez refermer la barrière derrière vous.

electric fence la barrière électrique
No entry Entrée interdite

09

hobbies and sports

9.1 Hobbies

Core vocabulary

acting	faire du théâtre
cooking	faire la cuisine
dancing	danser
modern	danser en boîte
ballroom	danser les danses de salon
DIY	bricoler
drawing	dessiner
gardening	jardiner
going for a walk	aller se promener
going out (socially)	sortir
horse riding	monter à cheval
listening to music	écouter de la musique
meeting people	voir des gens
painting	peindre
photography	faire de la photo
playing tennis/football	jouer au tennis / au foot
pottery	faire de la poterie
reading	lire
sailing	faire de la voile
sewing	faire de la couture
singing	chanter
sport	faire du sport
walking	marcher
watching films	regarder des films
watching television	regarder la télévision
writing	écrire

Outdoor pursuits *faire des choses en plein air*

birdwatching	observer les oiseaux
fishing	aller à la pêche
hunting	aller à la chasse
shooting	faire du tir
rambling	partir en randonnée

Indoor games *jeux de société*

playing chess	jouer aux échecs
playing cards	jouer aux cartes
playing bridge	jouer au bridge
playing party games	jouer à des jeux de société
happy families	jouer au jeu des familles

bingo	jouer au bingo
jigsaw puzzle	faire des puzzles
dominoes	jouer aux dominos
draughts	jouer aux jeu de dames
darts	jouer au fléchettes
billards	jouer au billard
snooker	jouer au billard américain
table football	jouer au baby-foot
crosswords	faire les mots croisés
making music	faire de la musique
playing in an orchestra	jouer dans un orchestre
singing in a band	chanter dans un groupe
playing an instrument	jouer d'un instrument
piano	du piano
guitar	de la guitare (sèche *or* électrique)
violin	du violon
viola	de l'alto
trumpet	de la trompette
drums	faire de la batterie
to attend	aller à
to be a member of	être membre de
to be interested in	s'intéresser à
to be keen on	beaucoup aimer *or* adorer
to enjoy	bien aimer
to meet	retrouver *or* se retrouver *or* faire la connaissance de
to spend my time	passer du temps

Useful phrases

What do you do in your free time?	A quoi passez-vous votre temps libre ? *or* Qu'est-ce que vous faites, dans votre temps libre ?
Do you like ...?	Est-ce que vous aimez ... ?
I like meeting people.	J'aime bien faire la connaissance de nouvelles personnes.
I belong to a sailing/chess club.	Je fais partie d'un club de voile / de joueurs d'échecs.
We meet every Thursday night.	Nous nous retrouvons tous les jeudi soirs.
It's interesting.	C'est intéressant.

It's fantastic.	C'est fantastique *or* C'est super.
It's boring.	C'est pas très intéressant.
I am interested in astronomy	Je m'intéresse à l'astronomie *or* L'astronomie m'intéresse beaucoup.

9.2 Sports

Core vocabulary

ball games	les jeux d'équipe
football	le football, *referred to as* 'le foot'.
ball	le ballon
team	l'équipe
goal	le but
game	le match
football ground	le terrain de foot
score	le score
rugby	le rugby
player	le joueur
pitch	le terrain de rugby
basketball	le basket
basket	le panier
volleyball	le volley
net	le filet
hockey	le hockey
hockey stick	la crosse
hockey puck	le palet
golf	le golf
golf club	le club de golf
golf course	le parcours de golf
green	le green
hole	le trou
bunker	le bunker

Racket games   *les jeux de raquettes*

tennis	le tennis
tennis racquet	la raquette de tennis
tennis court	le court de tennis
tennis ball	la balle de tennis
tennis player	le joueur de tennis
badminton	le badminton
net	le filet

shuttlecock	le volant
squash	le squash
squash court	le court de squash
squash racquet	la raquette de squash

Martial arts *les arts martiaux*

boxing	la boxe
judo	le judo
karate	le karaté
tae-kwando	le taïkwando
wrestling	la lutte

Athletics *l'athlétisme*

running	la course
cross country	le cross
high jump	le saut en hauteur
hurdles	la course de haie
track	la piste
timer	le chronomètre

Keep fit *la mise en forme*

aerobics	l'aérobic
gymnastics	la gymnastique

---

i The gym, in French, is **une salle** or **un centre de mise en forme**.

---

jogging	le jogging
machines (for muscle sculpting / working out)	les appareils (de musculation)
muscle sculpting	le culturisme
running	courir
weight lifting	l'haltérophilie
working out	faire de la musculation *or* aller dans une salle
yoga	le yoga

Useful verbs

to win	gagner
to lose	perdre
to draw	être ex-æquo
to box	boxer *or* faire de la boxe
to jog	faire du jogging

to *run*	courir
to *work out*	aller dans une salle

Useful phrases

I *like doing* ...	J'aime bien faire de / du / de la / des ...
I *don't like* ... *at all.*	J'ai horreur de ...
I *used to do that/it a lot.*	J'en ai beaucoup fait ...
... *not anymore, though.*	... mais plus maintenant.
I *am not much into sports.*	Je ne suis pas très 'sport'. *or* Je ne suis pas très porté(e) sur le sport.

9.3 More sports

Core vocabulary

Water sports *les sports nautiques*

canoeing	faire du canoë
canoe	le canoë
paddle	la pagaie
diving (deep sea)	la plongée sous-marine
wet suit	une combinaison en néoprène / une combinaison isothermique
dry suit	une combinaison étanche
gas bottles	la bouteille d'oxygène
mask	le masque
flippers	les palmes
snorkel	le tuba
rowing	faire de l'aviron
boat	le bateau
oar	l'aviron
sailing	faire de la voile
sail	la voile
hull	la coque
surfing	faire du surf
surf board	la planche
wind surfing	la planche à voile
wind surfer	le planchiste
sand yachting	le char à voile

yachting	faire du yacht
yacht	un yacht *or* un bateau de plaisance
dinghy	un canot à moteur
swimming	la natation (*Olympic or competition*) *otherwise* nager
breast stroke	la brasse
front crawl	le crawl
butterfly	le papillon
backstroke	le dos crawlé
diving	plonger
swimming pool	la piscine
lane	la ligne d'eau
length	la longueur
diving board	le plongeoir
swimming cap	le bonnet de bain
swimming costume	le maillot de bain
goggles	les lunettes de natation
archery	le tir à l'arc
bow	l'arc
arrow	la flèche
target	la cible
cycling	le cyclisme
racing bike	un vélo de course
mountain bike	un vélo tout-terrain
bike	un vélo
handlebars	le guidon
saddle	la selle
fencing	l'escrime
foil	le fleuret
mask	le masque
sword	l'épée
horse riding	l'équitation
saddle	la selle
bridle	la bride
stirrup	l'étrier
riding hat	la bombe
crop	la cravache
riding trousers	la culotte de cheval
roller skating	le roller
skates	les patins *or* les rollers (*modern*)
blades	les rollerblades

skateboarding	le skateboard
skateboard	une planche
climbing	l'escalade
mountaineering	la montagne
rock climbing	l'escalade
climbing boots	les chaussures d'escalade
rope	la corde
rucksack	le sac à dos
skiing	faire du ski
ski	un ski
pole	le bâton
binding	la fixation
piste	la piste
downhill ski	le ski de piste
cross-country ski	le ski de fond
snowboarding	faire du surf des neiges
snowboard	le surf
sledging	faire de la luge
sledge	la luge
ice skating	faire du patin à glace
skates	les patins
ice rink	la patinoire
figure skates	les patins à glace
hockey skates	les patins de hockey

Useful phrases

I enjoy doing …	J'aime bien faire du / de la …
I am good at …	Je suis bon/bonne en …
I am not good at …	Je suis nul/nulle en …

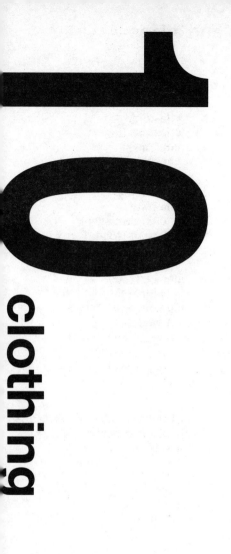

10

clothing

10.1 Garments and styles

Core vocabulary

Ladies' fashion   *la mode femme*

blouse	un corsage
cardigan	un cardigan
dress	une robe
evening dress	une robe du soir
stole	une étole
sundress	une robe d'été
wide-brimmed hat	une capeline
jacket	une veste
long jacket	une veste longue
short jacket	une veste courte
jersey	un pull fin
shorts	un short
skirt	une jupe
suit	un costume *or* un tailleur
trouser suit	un tailleur-pantalon
trousers	un pantalon
palazzo trousers	un pantalon papillon
cropped trousers	un pantalon cigarette
lingerie	la lingerie
underwear	les sous-vêtements
bra	le soutien-gorge
panties	le slip *or* la petite culotte *or simply* la culotte
g-string	un string
slip	une combinaison (*if laced*) *or* un fond de robe (*if very simple*)
stocking(s)	le(s) bas
tights	un collant
underskirt	un jupon
nightie	une chemise de nuit
pyjamas	un pyjama
negligee	un négligé

Men's fashion   *la mode homme*

blazer	un blazer
jacket	un veston *or* une veste
dinner jacket	une veste habillée

jeans	un jean
jumper	un pull *or* un chandail
shirt	une chemise
shorts	un short
sock	une chaussette
suit	un costume *or* un complet
sweatshirt	un sweat-shirt
T-shirt	un tee-shirt
tie	une cravate
bow tie	un nœud papillon
trousers	un pantalon
belt	une ceinture
braces	les bretelles
waistcoat	le gilet
briefs	un slip
boxer shorts	un caleçon
vest	un maillot de corps *or* un marcel
pyjamas	un pyjama
outerwear	les vêtements du dessus
coat	le manteau
wax jacket	une veste de chasse
duffel coat	le duffle-coat
raincoat	l'imperméable
sports jacket	le blouson
trenchcoat	le trench
jacket	la veste
hat	le chapeau
scarf	l'écharpe
glove	le gant
mitt	la moufle

Useful verbs

to wear	porter
to put on	enfiler / mettre
to fit	aller
Does it fit?	Ça vous va ?
to suit	aller
It suits you, really.	Ça vous va vraiment bien.

Useful phrases

I will be wearing ...	Je vais mettre ...
a dark suit	un ensemble noir
a coat and hat	un manteau et un chapeau
a sweatshirt, jeans and trainers	un sweat-shirt, un jean et des baskets
What will you be wearing?	Qu'est-ce que vous allez mettre/porter ?
What size are you?	Vous faites combien, comme taille ?
It is too short	C'est trop court.
too wide	trop large
too long	trop long
too tight	trop étroit/serré
Have you got anything bigger/ smaller?	Auriez-vous quelque chose de plus grand / de plus petit ?
Would you have the same one size bigger/smaller?	Auriez-vous la taille au-dessus / au-dessous ?
Would you have the same in a different colour?	Auriez-vous la même chose d'une autre couleur ?
It suits you. / It doesn't suit you.	Ça vous va très bien. / Ça ne vous vas pas.

10.2 The garment

Core vocabulary

Clothes   *des vêtements*

measurements	les mesures
tape measure	le mètre ruban
length	la longueur
width	la largeur
size	la taille
collar	le col
neck	le col *or* l'ouverture
shoulder	l'épaule
sleeve	la manche
chest	la poitrine
waist	la taille
cuff	le poignet

Fabric   *le tissu*

cotton	le coton
corduroy	le velours côtelé
fur	la fourrure
fake fur	la fausse fourrure
jersey	la maille
leather	le cuir
linen	le lin
satin	le satin
silk	la soie
suede	le daim
synthetic fibre	la fibre synthétique
tweed	le tweed
velvet	le velours
dévoré	le velours dévoré
wool	la laine
checked	à carreaux
hound's tooth (small)	pied-de-poule
hound's tooth (large)	pied-de-coq
floral	à fleurs
multicolour	multicolore
patterned	imprimé
pleated	plissé
plain (one colour)	uni
spotted	à pois
striped	à rayures
button	le bouton
fastener	la fermeture
needle	une aiguille
ribbon	le ruban
scissors	les ciseaux
sewing machine	la machine à coudre
velcro	le velcro
zip	la fermeture éclair *or* le zip
detergent	la lessive
detergent for wool	le liquide lavant pour les lainages
fabric softener	l'adoucissant
soap powder	la lessive

Useful verbs

to *wash*	laver
to *dry*	faire sécher
to *dry clean*	faire nettoyer à sec
to *iron*	repasser
to *mend*	réparer *or* racommoder
to *soak*	faire tremper

Useful phrases

I have lost a button.	J'ai perdu un bouton.
Can I get this laundered?	Est-ce que je peux vous donner ça à nettoyer ?
How long will it take?	Ça prendra combien de temps ?
When will it be ready?	Ça sera prêt quand ?
Can you remove this stain?	Est-ce que vous pensez pouvoir faire partir cette tache ?
Can you sew this button on?	Est-ce que vous pouvez recoudre ce bouton ?
Can you take it in?	Est-ce que vous pouvez le/la reprendre ?
Can you shorten it?	Est-ce que vous pouvez le/la raccourcir ?
This garment must be dry cleaned.	Nettoyage à sec uniquement.
This garment can be machine washed.	Lavable en machine.
Handwash only.	Lavage à la main uniquement.
Don't use bleach.	Ne pas utiliser d'eau de Javel sur ce vêtement.

10.3 Special occasions

Core vocabulary

Going to work *aller travailler*

coat	une blouse
uniform	un uniforme
apron	un tablier
overall	une combinaison
dungarees	une salopette

It's raining!   *Il pleut !*

rain coat	un vêtement de pluie *or* un imperméable
rain hat	un chapeau de pluie
waterproof trousers	un pantalon imperméable
rubber boots	des bottes de pluie
umbrella	un parapluie

It's cold!   *Il fait froid !*

anorak	un anorak
walking boots	des chaussures de marche
thick socks	des grosses chaussettes
woolly hat	un bonnet (en laine)
gloves	des gants

On the beach   *à la plage / sur la plage*

swimming costume	un maillot de bain
bikini	un bikini
topless bikini	un monokini
trunks	un slip de bain
flippers	les palmes
goggles	les lunettes de natation
snorkel	le tuba
flip-flops	des claquettes
sun cream	de la crème solaire
sun oil	de l'huile solaire
sun hat	un chapeau de soleil

A night on the town   *une soirée en ville*

evening dress	la tenue de soirée
formal dress	la tenue habillée
casual dress	la tenue décontractée
high heels	les talons hauts

Playing the game   *l'équipement de sport*

baseball hat	une casquette de baseball
polo shirt	un polo
shorts	un short
socks	des chaussettes
trainers	des baskets / des chaussures de sport

Accessories   *les accessoires*

jewellery	les bijoux
bracelet	le bracelet
brooch	la broche
earrings	les boucles d'oreille
dangling earrings	les pendants d'oreille
necklace	le collier
ring	l'anneau / la bague
watch	la montre

silver	l'argent
gold	l'or
platinum	la platine
diamond	le diamant
emerald	l'émeraude
ruby	le rubis
sapphire	le saphir
semi-precious stone	une pierre semi-précieuse

Useful verbs

to get dressed	s'habiller
to get undressed	se déshabiller
to put on	mettre
to slip into	enfiler
to take off	enlever
to tie one's shoelaces	faire/mettre ses lacets
to wear	porter
to accessorize	accessoiriser

Useful phrases

He/She always looks ...	Il/elle a toujours l'air ...
casual	décontracté(e)
fashionable	à la mode
smart	élégant(e)
unfashionable	démodé(e)
untidy	négligé(e)

10.4 Footwear

Core vocabulary

The shoe shop   *le magasin de chaussures*

shoes	les chaussures
hosiery	la bonnetterie
socks	les chaussettes
stockings	les bas
tights	le collant
I am looking for a pair of boots with a side zip.	Je cherche une paire de bottes qui se ferment sur le côté.
I am looking for a pair of court shoes with a very low heel.	Je cherche une paire de chaussures avec un tout petit talon.
Which size are you?	Quelle taille faites-vous ? *or* Du combien chaussez-vous ?
I am a size six.	Je chausse du 39.
May I try them on?	Je peux les essayer ?
boot	la botte
clog	le sabot
court shoe	un escarpin bas
flip-flop	la claquette
mocassin	le mocassin
pump	un escarpin
sandal	la sandale
shoe	la chaussure
slip on	un mocassin *or* une chaussure basse
slipper	une pantoufle
tennis shoe	une tennis
trainer	un basket *or* une chaussure de sport
wellington / rubber boot	une botte en caoutchouc *or* une botte de pluie
wader	la cuissarde
ballet shoe	le chausson de danse
half point	les demi-pointes
point shoes	les pointes
climbing boot	la chaussure d'escalade
cycling shoe	le cycliste
dancing shoe	la chaussure de bal
diving boot	le chausson de plongée
flipper	la palme

ski boot	la chaussure de ski
snowboard boot	la botte de surf
steel-tipped boot	la chaussure de sécurité / à bout renforcé
walking boot	la chaussure de marche
leather	le cuir
rubber	le caoutchouc
synthetic	le synthétique
shoe polish	le cirage
shoe cleaner	le cireur
shoe protector	l'enduit protecteur
shoe stretcher	l'embauchoir
chiropody	la chiropodie
massage	le massage
reflexology	la réflexologie
foot	le pied
toe	un orteil
ankle	la cheville
sole	la semelle
toe nail	un ongle de pied
arch of the foot	la voûte plantaire

Useful verbs

to try shoes on	essayer des chaussures
to put on one's shoes	mettre ses chaussures
to take off one's shoes	enlever ses chaussures
to get blisters	se faire des ampoules

Useful phrases

bare foot	pieds nus
I have got sore feet.	J'ai mal aux pieds.
I have got blisters.	J'ai des ampoules.
Have you got a plaster?	Auriez-vous un pansement ?
Please remove your shoes in the house.	Veuillez enlever vos chaussures à l'intérieur de la maison.
What shoe size are you?	Du combien chaussez-vous ?
These shoes are comfortable / uncomfortable.	Ces chaussures sont confortables / pas très confortables.

11

travel

11.1 Travel

Core vocabulary

journey	le voyage or le trajet
itinerary	l'itinéraire
route	l'itinéraire
map	la carte
journey or travel	le voyage
travel agency	l'agence de voyages
overland	par voie de terre
by air	par air
by sea	par mer
by rail	par voie ferrée
by train	en train
by plane	en avion
by coach	en car
by car	en voiture
by hire car	en voiture de louage
by boat	en bateau
by ferry	en ferry
by bike	en vélo
on horseback	à cheval
on foot	à pied
timetable / schedule	les horaires
ticket	le ticket or le billet
booking	la réservation
reservation	la réservation
online booking	la réservation en ligne
arrival	l'arrivée
departure	le départ
scheduled arrival/departure	arrivée prévue / départ prévu

Useful verbs

to travel	voyager or se déplacer (in a work context)
to go	aller
to sail	aller/venir en bateau
to fly	aller/venir en avion
to drive	aller/venir en voiture
to tour	faire le tour de ... / visiter
to arrive	arriver
to leave	quitter

Useful phrases

Can you help me please?	Pourriez-vous m'aider, s'il vous plaît ?
I'm lost.	Je me suis perdu(e).
How do I get to ...?	Pourriez-vous m'indiquer ... ?
What is the best way to go to ...?	Quel est la meilleure façon d'aller à ... ?
Is it far?	C'est loin ?
How far is it?	C'est loin d'ici ?
How long does it take?	Je vais mettre combien de temps ?

11.2 Travel by train

Core vocabulary

station	la gare (ferroviaire)
station master	le chef de gare
booking office	le guichet *or* le centre de réservations (*the latter in a large station*)
timetable	les horaires
ticket	le billet (de train)
single ticket	un aller simple
return ticket	un aller-retour
second class	en seconde
first class	en première
full price	plein tarif
concession	tarif réduit
proof of concession	une carte de réduction
arrivals	arrivées
departures	départs
indicator board	le tableau
information	information *or* renseignements
waiting room	la salle d'attente
platform	le quai
subway	le métro
stairs	l'escalier
escalator	l'escalier roulant
conveyor	le tapis roulant
lift	l'ascenseur

train	le train
high speed train (360 km/h)	le TGV (train à grande vitesse)
express, intercity type trains	le train corail *or* le turbo (*disappearing, as most railway lines are being electrified*)
slower, local/regional train	le TER (Train Express Régional)
coach	la voiture *or* le wagon
non smoking	non-fumeurs
smoking	fumeurs
first class	première classe
second class	seconde classe
buffet	le buffet *or* la voiture-bar
trolley	le buffet ambulant
personnel	le personnel
guard	le chef de train
ticket inspector	le contrôleur
train driver	le mécanicien
traveller	le voyageur
level crossing	le passage à niveau
railway track	les rails *or* la voie
signals	les signaux
luggage	les bagages
suitcase	la valise
suitcase on wheels	la valise à roulettes
left luggage	la consigne

Useful verbs

to book a ticket	réserver une place *or* sa place *or* son billet
to make a reservation	réserver *or* prendre une réservation

Useful phrases

Do I have to change?	Est-ce qu'il faut que je change ?
Is the train on time?	Est-ce que le train est à l'heure ?
How late is the train?	Le train a combien de retard ?
Will I miss the connection?	Est-ce que je vais avoir ma correspondance ?
Is there a car park at the station?	Est-ce qu'il y a un parking dans la gare ?

Which platform does it leave from?	Il part de quel quai ?
Is this the train for ...?	C'est le train pour ... ?
Excuse-me, but this is my seat.	Je suis désolé(e), mais c'est ma place.
I have a reservation.	J'ai une réservation.
How often does it run?	Quelle est la fréquence des passages ?
Which line do I need for ...	Je prends quelle ligne pour aller à ...

11.3 Travel by plane

airport	l'aéroport
car park	le parking
departures	les départs
checking in	s'enregistrer
desk	le desk *or* l'enregistrement
ID	une pièce d'identité
hand luggage	un bagage à main
luggage search	une fouille des bagages
security check	le contrôle de sécurité

Which class? *en quelle classe ?*

economy	économie
business	classe affaires
first	première classe
ticket	un billet
passport	le passeport
credit card	une carte de crédit
green card	une 'green card' (un permis de travail pour travailler aux Etats-Unis)
departure lounge	la salle d'embarquement
executive lounge	le salon Classe Affaires
information	l'information *or* les renseignements
announcement	une annonce
flight	le vol
gate	la porte
delay	le retard
taking off	le décollage

plane	l'avion
machine	l'appareil
row	la rangée
seat	la place
window seat	la place côté fenêtre
aisle seat	la place côté couloir
seat belt	la ceinture
life jacket	le gilet de sauvetage
emergency exit	la sortie de secours
overhead locker	le compartiment à bagages
toilet	les toilettes
arrivals	les arrivées
landing	l'atterrissage
baggage reclaim	l'arrivée des bagages
customs	la douane
duty	la taxe
pilot	le/la pilote
co-pilot	le/la co-pilote
mechanics	le mécanicien / la mécanicienne
steward	le steward
stewardess	la stewardesse *or* l'hôtesse

Useful verbs

to leave/depart	partir
to take off	décoller
to fly	être en vol
to arrive	arriver
to land	atterrir
to navigate	naviguer
to put the seat back	incliner son siège
to put the seat upright	remettre son siège en position verticale
to stow the table	remonter sa tablette
to experience turbulence	traverser des turbulences

Useful phrases

The plane is delayed.	L'avion a du retard.
The plane is delayed by 25 minutes.	L'avion a 25 minutes de retard.
Your flight leaves from gate ...	Votre vol partira de la porte ...
Please will you return to your seats and fasten your seat-belts.	Veuillez regagner votre place et attacher votre ceinture.

We are flying at an altitude of ...	Nous naviguons à une altitude de ...
And a speed of...	À la vitesse de ...
Can I have ...?	Est-ce que je pourrais avoir ...
earphones	des écouteurs
a blanket	une couverture
a pillow	un oreillet
a drink of water	un verre d'eau
My luggage is missing.	Je ne trouve pas mon bagage / mes bagages.

11.4 Travel by car

Core vocabulary

car	la voiture
estate car	le break
four wheel drive / off-road car	un quatre/quatre
sport's car	une voiture de sport
convertible	un coupé décapotable
automatic	une boîte automatique
manual	une boîte manuelle
It has ...	C'est ...
three/five doors	une trois/cinq portes
16 valves	à 16 pistons
pedals	les pédales
accelerator	l'accélérateur
brake	le frein
clutch	l'embrayage
windscreen	le pare-brise
gears	les vitesses
gear lever	le levier de vitesse
steering wheel	le volant
handbrake	le frein à main
indicator	le clignotant
lights	les feux
headlamps	les phares
side lights	les codes
on full	en plein phares
on dip	en codes
speedometer	le compteur de vitesse
mileometer	le compteur de kilomètres
petrol gauge	la jauge d'essence
interior	l'intérieur

seat	le siège
safety belt	la ceinture de sécurité
leg room	la place pour les jambes
glove compartment	la boîte à gants
visor / sunshield	le pare-soleil
wing mirror	le rétroviseur extérieur (gauche/droit)
rear mirror	le rétroviseur
heating	le chauffage
air conditioning	la climatisation
wheel	la roue
tyre	le pneu
valve	la valve
tyre pressure	la pression des pneus
jack	le crick
spare wheel	la roue de secours
exterior	l'extérieur
boot	le coffre
bumper	le pare-choc
number plate	la plaque d'immatriculation or minéralogique
foglights	les feux de brouillard
rear lights	les feux arrière
exhaust	le pot d'échappement
battery	la batterie
radiator	le radiateur
getting technical	techniquement ...
ignition	le démarrage
spark plug	la bougie
water hose	l'arrivée d'eau
oil pressure	le niveau d'huile
fan belt	la courroie du ventilateur
windscreen wiper	l'essuie-glace
warning light	le warning

Useful verbs

to drive	conduire
to drive from A to B	aller de A à B en voiture
to put one's lights on	allumer ses lumières
to turn one's lights off	éteindre ses lumières
to put one's indicator on	mettre son clignotant (à gauche / à droite)
to give way	laisser passer
to overtake	doubler

Useful phrases

You have left your lights on.	Tu as laissé tes lumières allumées.
How do I adjust the seat?	Comment est-ce que je règle mon siège ?

11.5 The road

country road	une route de campagne
main road	une grand'route
one-way road	une route à sens unique
dual carriageway	une route à quatre voies
motorway	une autoroute
motorway lane	une voie
inside lane	la voie rapide
outside lane	la voie lente
central reservation	la bande médiane (matérialisée)
access road	la bretelle d'accès
intersection	le carrefour *or, for a motorway,* l'échangeur
crossroads	le carrefour
roundabout	un rond-point
bridge	le pont
toll bridge	le pont à péage
level crossing	le passage à niveau
traffic lights	les feux (de la circulation)
road works	les travaux
emergency traffic lights	les feux d'urgence
diversion	la déviation
road signs	les panneaux de signalisation
hard shoulder	l'accotement
speed limit	la limitation de vitesse
speed camera	la caméra
driving licence	un permis de conduire
insurance	une assurance
car registration card	la carte grise
fine	une amende
road tax	la vignette

Services *les services*

garage	le garage
petrol station	la station essence
petrol	l'essence
diesel	le gazole

unleaded petrol	l'essence sans plomb
air	l'air
water	l'eau
oil	l'huile
oil change	le changement d'huile
emergency lane	la bande d'arrêt d'urgence
emergency services	les services d'urgence
breakdown	une panne

Useful verbs

to speed	faire de la vitesse
to accelerate	accélérer
to slow down	ralentir
to brake	freiner
to break down	tomber en panne

Useful phrases

the road surface is …	le revêtement de la route est …
good / bad	en bon état / en mauvais état
smooth / uneven	plan / abîmé
bumpy	irrégulier
I have broken down.	Je suis en panne.
The car is overheating.	Le moteur chauffe anormalement.
The engine has stopped.	Le moteur a calé.
I have a puncture.	J'ai un pneu creuvé.
The silencer has blown.	Le pot d'échappement a explosé.

12

tourism

12.1 Where to go

Core vocabulary

tourism industry	l'industrie du tourisme
travel agent	un agent de voyage
brochure	une brochure or un dépliant
tourist	un(e) touriste
excursion	une excursion
tour	un périple or un itinéraire
coach trip	une excursion en car
guided visit	une visite guidée
cruise	une croisière
holiday resort	un village de vacances
seaside	le bord de la mer
sea, sand and sun	la mer, la plage et le soleil
mountains and lakes	les lacs et les montagnes
countryside	la campagne
adventure holidays	partir à l'aventure
winter sports	les sports d'hiver
outdoor pursuits	les activités de plein-air
summer holiday	les grandes vacances
school holiday	les vacances scolaires
to go on holiday	partir en vacances

12.2 What to take

Core vocabulary

luggage	les bagages
suitcase	la valise
travel bag	le sac de voyage
rucksack	le sac à dos
overnight bag	le sac de week-end
hand luggage	un bagage à main
passport	le passeport
visa	le visa
ticket	le billet or le ticket
insurance	l'assurance
driving licence	le permis de conduire
credit card	la carte de crédit
currency	la monnaie
traveller's cheque	le chèque de voyage
emergency phone number	un numéro d'appel d'urgence

laptop	un ordinateur portable
mobile phone	un téléphone portable
sponge bag / toilet bag	la trousse de toilette
soap	le savon
toothbrush	la brosse à dents
toothpaste	le dentifrice
mouthwash	le rinçage bucal *or* un élixir dentaire
razor	le rasoir
nail scissors	les ciseaux à ongles
nail file	la lime à ongle
nailbrush	la brosse à ongles
tweezers	la pince à épiler
shampoo	le shampooing
conditioner	l'après-shampoing
hairbrush	la brosse à cheveux
comb	le peigne
hair-dryer	le sèche-cheveux *or* le séchoir à cheveux
face/day/night cream	la crème pour le visage / de jour / de nuit
hand cream	la crème pour les mains
cleanser	le soin nettoyant
toner	le soin tonifiant
moisturiser	le soin hydratant
sun cream	la crème solaire
waterproof sun cream	une crème solaire qui résiste à l'eau
after-sun cream	une crème après-soleil
sun protection factor, SPF	un indice de protection solaire, IPS
sun block	un écran solaire total
wardrobe	une armoire *or* une penderie
coat hanger	le cintre
iron	le fer

Useful verbs

to pack	faire ses bagages / sa valise / son sac
to unpack	défaire ses bagages / sa valise / son sac
to fold	plier

to unfold	déplier
to hang up	accrocher
to wash	laver
to dry clean	faire nettoyer
to take to the drycleaner's	donner au pressing
to mend	réparer or racommoder
to iron	repasser
to press iron	presser

Useful phrases

I have lost my luggage.	J'ai perdu mes bagages / ma valise / mon sac.
I can't find …	Je ne retrouve pas …
Have you got a …?	Auriez-vous … ?
Where can I get a …?	Où est-ce que je peux trouver … ?
Where is the nearest drycleaner's?	Où se trouve le pressing le plus proche ?

12.3 Where to stay

Core vocabuary

accommodation	le logement or l'hébergement
two star hotel	un hôtel deux étoiles
three star hotel	un hôtel trois étoiles
luxury hotel	un hôtel de luxe
inn	un petit hôtel (de charme)
farm guestroom	une chambre à la ferme
holiday house	une maison de vacances
youth hostel	une auberge de jeunesse
camp site	un camping
caravan site	un caravaning
entrance	l'entrée
reception	la réception
bill	la note
stairs	l'escalier
lift	l'ascenseur
restaurant	le restaurant
breakfast room	la salle du petit déjeuner
fitness room	la salle de mise en forme / l'espace beauté
pool	la piscine
hot tub	le sauna

staff	le personnel
day/night porter	le portier de jour/nuit
manager	le gérant
receptionist	le/la réceptionniste
chamber maid/man	la femme de chambre / le garçon d'étage
single room	une chambre simple
double room	une chambre double
twin-bedded room	une chambre twin
family room	une chambre familiale
with shower	avec douche
with bathroom	avec bain
with toilet	avec toilettes
with phone	avec le téléphone
with television	avec la télévision
with internet connection	avec un point d'accès internet
with a balcony	avec balcon
with a sea view	avec vue sur la mer
with air conditioning	climatisée

Useful phrases

Have you got anything …?	Auriez-vous quelque chose de … ?
bigger / smaller	plus grand / plus petit
cheaper / better	meilleur marché / mieux
quieter	de plus tranquille ?
Do you have a non-smoking room?	Avez-vous une pièce non-fumeurs ?
It is too noisy.	C'est trop bruyant.
The shower doesn't work.	La douche ne marche pas.
There is no hot water.	Il n'y a pas d'eau chaude.
There is no plug in the sink / the bathtub.	Le lavabo / la baignoire n'a pas de bonde.

12.4 Camping and caravaning

Core vocabulary

camp site	le camping
caravan	la caravane
camping car	le camping car
RV (recreational vehicle; camper van)	le mobile home

trailer	la remorque
hook-up	un attelage
tent	la tente
site	le site
hard standing for a caravan	un emplacement matérialisé pour caravane
a flat site	un site plan
a shady site	un site ombragé
facilities	les équipements
electricity	l'électricité
water	le point d'eau
running water	l'eau courante
drinking water	l'eau potable
water tap	le robinet
washrooms	les sanitaires
toilets	les toilettes
showers	les douches
wash basins	les lavabos
hairdryers	les sèche-cheveux
cooking area	l'espace cuisine
gas ring	la plaque de gaz
washing-up sink	un évier
washing machine	la machine à laver
drier	le sèche-linge
drying area	la pièce pour le séchage
restaurant	le restaurant
self-service restaurant	le self
bar	le bar
shop	la boutique or le magasin
swimming pool	la piscine
paddling pool	la pataugeoire
children's play area	l'aire de jeux pour les enfants
swings	les balançoires
slide	le toboggan
roundabout	le tourniquet
tent pegs	les sardines / les piquets
guy rope	la corde de tente
groundsheet	le tapis de sol
fly sheet	le double-toit
canopy	un auvent
sleeping bag	le sac de couchage
torch	la torche
pocket lamp	la lampe de poche
blanket	la couverture

| gas cooker | le réchaud à gaz |
| gas bottle | la bouteille de gaz |

Useful verbs

to tow	remorquer
to park	se garer
to put up a tent	monter une tente
to take down a tent	démonter une tente
to hook up	accrocher / atteler
to get wet	prendre l'eau
to wash / do the washing	faire la lessive
to wash up	faire la vaisselle
to dry	sécher

Useful phrases

Can you help me?	Est-ce que vous pourriez m'aider, s'il vous plaît ?
I don't understand how the dryer works.	Je ne comprends pas comment marche le sèche-linge.
Where is …?	Où se trouve … ?
Is there electricity / water …?	Est-ce qu'il y a l'électricité ? Un point d'eau ?
Is there shade?	Est-ce que c'est ombragé ?
Do you have?	Est-ce que vous avez … ?
When is the shop open?	Quelles sont les heures d'ouverture de la boutique / du magasin ?
Where can I get …?	Où est-ce que je peux trouver … ?

12.5 What are you going to do?

Core vocabulary

an activity holiday	des vacances actives
we want to go …	nous voulons aller …
we intend to go …	nous avons l'intention d'aller …
we are thinking about going …	nous pensons aller …
canyoning	faire du canyoning
swimming	nous baigner

diving	faire de la plongée
water skiing	faire du ski nautique
surfing	faire du surf
windsurfing	faire de la planche à voile
walking	marcher
hiking	faire de la randonnée
climbing	faire de l'escalade
gliding	faire du vol à voile
paragliding	faire du parapente
abseiling	faire du rappel
do sport	faire du sport
play tennis	jouer au tennis
play volleyball	jouer au volley
go bike riding	faire des randonnées à vélo

We want to see …	Nous voulons aller voir …
We intend to see …	Nous avons l'intention d'aller voir …
We are thinking about seeing	Nous pensons aller voir
monuments	les monuments
the castle	le château
an 18th century castle	un château du XVIIIe siècle
an archeological site	un site de fouilles archéologiques
an ancient monument	un monument ancien
an historic building	un bâtiment historique
the scenery	l'environnement or la campagne or la vue or le panorama

We want …	Nous voulons …
We intend …	Nous avons l'intention de …
to have a good time	nous amuser
to have a rest	nous reposer
to relax	nous détendre
enjoy the sea, beach and sea	profiter de la mer, de la plage et du soleil
to do nothing	ne rien faire
to be waited on	nous faire servir
In winter I like to go …	L'hiver, j'aime aller …
skiing	faire du ski
snowboarding	faire du surf
sledging	faire de la luge
ice skating	faire du patin à glace
ice climbing	faire de l'escalade dans les glaciers

Useful phrases

What is there to see/do?   Qu'est-ce que vous me/nous
                            conseillez de voir / de faire ?

Is it suitable for ...?   Est-ce que ça convient à ... ?
   elderly people   des personnes âgées ?
   younger people   des jeunes ?
   children   des enfants ?
I like to go and find some   J'aime aller au soleil.
   sun.

12.6 On the beach

Core vocabulary

sea	la mer
coast	la côte
beach	la plage
bay	la baie
shore	la côte
sand	le sable
rock	le rocher
rock pool	la flaque dans les rochers
seashell	le coquillage
tide	la marée
high tide	la marée haute
low tide	la marée basse
wave	la vague
private/public beach	une plage privée/publique
beach bar	un bar de plage
windbreak	le coupe-vent
shelter	un abri
parasol	le parasol
lounger	la chaise longue
deck chair	le transat
air mattress	le matelas pneumatique
shower	la douche
beach towel	la serviette de plage
bath sheet	un drap de bain
swimming costume	le maillot de bain
trunks	le slip de bain
bikini	le bikini
topless bikini	le monokini
sun lotion	la lotion solaire
sun block	un écran total

sun glasses	les lunettes de soleil
rubber ring	une bouée
arm bands	des flotteurs pour les bras
sandcastle	le château de sable
bucket	le seau
spade	la pelle
kite	le cerf-volant
snorkel	le tuba
flippers	les palmes
wet suit	une combinaison en néoprène / une combinaison isothermique
dry suit	une combinaison étanche
inflatable	gonflable
pump	une pompe
surfboard	une planche
windsurfer	un véliplanchiste
jetski	la moto marine
waterski	le ski nautique
fish	le poisson
shell	le coquillage
octopus	la pieuvre
squid	la seiche
mussel	la moule
scallop	la coquille Saint-Jacques
shrimp	la crevette
jellyfish	la méduse

Useful verbs

to snorkel	faire de la plongée
to sunbathe	prendre un bain de soleil / se faire dorer au soleil
to relax	se détendre
to play	jouer
to dig	creuser
to dive	plonger
to sting	piquer
to be stung	se faire piquer
to waterski	faire du ski nautique

Useful phrases

The tide is in/out.	La mer est haute/basse.
The tide is coming in/out.	La mer monte/descend

It is safe for bathing/ swimming.	On peut se baigner sans danger.
Bathing / swimming permitted.	C'est autorisé à la baignade.
I have been stung by a jellyfish.	Je me suis fait piquer par une méduse.
He/she is out of her depth.	Il/elle n'a plus pied.
He/she can't swim.	Il/elle ne sait pas nager.
He/she needs help.	Il faut aller l'aider / lui porter secours.
Help!	Au secours !

12.7 At sea

Core vocabulary

canoe	le canoë
jetski	la moto marine
motor boat	le canot à moteur
outboard	le hors-bord
RIB (rigid inflatable boat)	le canot pneumatique
dinghy	un canot pneumatique / un dinghy
rowing boat	un canot à rames
sailing dinghy	un dinghy
surfboard	une planche de surf
waterski	le ski nautique
windsurfer	le véliplanchiste
yacht	le yacht
emergency services	le poste de secours
mayday	MayDay
SOS	SOS
lifeboat	le canot de sauvetage
lifejacket	le gilet de sauvetage
lifeguard	le sauveteur en mer
flare	la fusée
weather forecast	les prévisions météo (short for météorologiques)
calm sea	mer calme / peu agitée
rough sea	mer agitée
wind force	vent de force (un)
gale force	avis de coup de vent (un)
rain	la pluie

poor *visibility*	visibilité réduite
good *visibility*	bonne visibilité
fog	le brouillard
equipment	l'équipement
compass	la boussole
GPS (global positioning satellite)	le système GPS / le système mondial de radiorepérage
sail	la voile
hull	la coque
cabin	la cabine
berth	le poste d'amarrage (*at quay*) / le poste de mouillage (*mooring*)
wheel	le gouvernail
harbour	le port
port	le port
lighthouse	le phare
starboard	tribord
port side	bâbord
bow	la proue
stern	la poupe
mooring	le mouillage
chain	la chaîne
anchor	l'ancre

Useful verbs

to *sail*	faire de la voile
to *navigate*	naviguer
to *steer*	barrer
to *tie up / moor*	s'amarrer / mouiller
to *anchor*	descendre l'ancre
to *rescue*	porter secours
to *be rescued*	être secouru

12.8 The great outdoors

Core vocabulary

rucksack	le sac à dos
sleeping bag	le sac de couchage
ground mat / mattress	le matelas
torch	la torche

penknife	le couteau de poche / le couteau suisse
compass	la boussole
map	la carte
water bottle	la gourde
camping stove	le réchaud de camping
match	une allumette
lighter	le briquet
gas container	la bouteille de gaz
billycan	la gamelle
bowl	le bol
knife / fork / spoon	un couteau / une fourchette / une cuillère
plate	une assiette
mug	un mug
emergency ration	une ration de secours
dried food	des aliments séchés
dried fruit	des fruits secs
nuts	des noix
chocolate	du chocolat
transceiver (for snow rescue)	un émetteur-récepteur radio
mobile phone	un téléphone portable
battery	la batterie or la pile
charger	le chargeur
plug	la prise
waterproofs	un équipement imperméable
spare clothing	des vêtements de rechange
rope	une corde
climbing harness	un harnais d'escalade
climbing gear	un équipement d'escalade
karabiner	le mousqueton
crampons	les crampons
nut	le coinceur
wedging	le coinçage
boots	les chaussures d'escalade
ice axe	le piolet

Useful phrases

I have got sore feet.	J'ai mal aux pieds.
I have got blisters.	J'ai des ampoules. / Je me suis fait des ampoules.
My hands are frozen.	J'ai les mains gelées.

Have you got spare socks for me?	Est-ce que tu as / vous avez des chaussettes de rechange pour moi ?
Would you have some plasters for me?	Auriez-vous des pansements pour moi ?
Does anyone have some antiseptic cream?	Est-ce que quelqu'un aurait de la crème antiseptique ?
Have you got something for ...	Est-ce que vous auriez quelque chose pour ...
I have been stung by / I have been bitten by a wasp/bee/ mosquito.	Je me suis fait piquer par une guêpe / une abeille / un moustique.

13

health

13.1 The face

Core vocabulary

skin	la peau
head	la tête
face	le visage
hair	les cheveux
forehead	le front
ear	une oreille
eye	un œil (*plural* des yeux)
eyebrow	un sourcil
eyelash	un cil
eyelid	la paupière
nose	le nez
nostril	la narine
cheek	la joue
chin	le menton
mouth	la bouche
lip	la lèvre
tongue	la langue
tooth	la dent
neck	le cou
beard	la barbe
a goatee	le bouc
moustache	la moustache
glasses	des lunettes
contact lense	une lentille de contact
hard/soft lens	une lentille de contact dure/ souple
short-sighted	myope
long-sighted	hypermétrope *or* presbyte (*if this happens as one ages.*)

The five senses *les cinq sens*

hearing	l'ouïe	to hear	entendre
sight	la vue	to see	voir
smell	l'odorat	to smell	sentir
taste	le goût	to taste	goûter
touch	le toucher	to touch	toucher

Useful verbs

to *wink*	cligner de l'œil *or* faire un clin d'œil
to *flutter*	battre des paupières
to *sleep*	dormir
to *smile*	sourire
to *laugh*	rire
to *frown*	plisser le front
to *talk*	parler
to *shout*	crier
to *cry*	pleurer
to *snore*	ronfler
to *hiccup*	avoir le hoquet
to *cough*	tousser
to *pull faces*	faire des grimaces
to *yawn*	bâiller
to *have a beard*	porter une barbe
to *wear glasses*	porter des lunettes
to *have a facial*	se faire faire un nettoyage de peau
to *have your hair done*	aller chez le coiffeur
to *have a nose job*	se faire refaire le nez
to *have plastic surgery*	subir une opération de chirurgie esthétique
to *have wrinkles*	avoir des rides
to *have a nice smile*	avoir un beau/joli sourire

Useful phrases

I *have a headache.*	J'ai mal à la tête.
toothache	le mal de dents
earache	le mal aux oreilles
a nose bleed	un saignement de nez
My *nose is bleeding.*	Je saigne du nez.
My *eyes are sore.*	J'ai mal aux yeux.

13.2 The body

Core vocabulary

limb	le membre
collarbone	la clavicule
shoulder	une épaule

arm	le bras
elbow	le coude
wrist	le poignet
hand	la main
finger	le doigt
thumb	le pouce
forefinger	l'index
big finger	le majeur
ring finger	l'annulaire
little finger	l'auriculaire
fingernail	un ongle
body	le corps
chest	la poitrine
breast	le sein
nipple	une aréole
rib cage	la cage thoracique
waist	la taille
hip	la hanche
abdomen	l'abdomen
bottom	le derrière
buttock	la fesse
pubis	le pubis
sexual organ	un organe sexuel
penis	le pénis *or* la verge
testicle	la testicule
balls	les bourses
vagina	le vagin
vulva	la vulve
leg	la jambe
thigh	la cuisse
knee	le genou
calve	le mollet
ankle	la cheville
foot	le pied
toe	un orteil
big toe	le gros orteil
arch	la voûte plantaire
heel	le talon
the back	le dos
lower back	le bas du dos
front	le devant
side	le côté

Internal organs   *les organes internes*

brain	le cerveau
stomach	l'estomac
throat	la gorge
lung	le poumon
kidney	le rein
heart	le cœur
blood	le sang
vein	une veine
artery	une artère
blood transfusion	une transfusion sanguine
blood donor	un donneur sanguin
blood type	le groupe sanguin
intestine	un intestin
small intestine	l'intestin grêle
large intestine	le gros intestin
skeleton	le squelette
bone	un os
joint	une articulation
nervous system	le système nerveux
nerve	le nerf
circulation	la circulation
blood pressure	la tension
breathing	la respiration
digestion	la digestion

Useful verbs

to feel	sentir
to touch	toucher
to stroke	caresser
to massage	masser
to hold	tenir
to embrace	serrer dans ses bras
to kick	donner un coup de pied
to walk	marcher
to run	courir
to jump	sauter

Useful phrases

I have stomachache.	J'ai mal au ventre.
heart burn	mal à l'estomac
indigestion	une indigestion

| *high/low blood pressure* | une tension haute / une tension basse |
| *My foot/hand/leg hurts.* | J'ai mal ... au pied / à la main / à la jambe. |

13.3 I need a doctor

Core vocabulary

doctor	le médecin
appointment	le rendez-vous
surgery	le cabinet médical

Diseases *maladies*

a cold	un rhume
flu (influenza)	la grippe
measles	la rougeole
mumps	les oreillons
German measles	la rubéole
chickenpox	la varicelle
tonsillitis	les végétations
cough	la toux
sore throat	mal à la gorge
hypertension	l'hypertension
constipation	la constipation
diarrhoea	la diarrhée
polio	la polio
hepatitis	l'hépatite
rabies	la rage
typhoid	la typhoïde
cholera	le choléra
yellow fever	la jaunisse
malaria	la malaria
cancer	le cancer
multiple sclerosis	la sclérose en plaques
Aids	le Sida

Useful phrases

I am allergic to ...	Je suis allergique ...
penicillin	à la pénicilline
nuts	aux noix
cats	aux chats
I have a pain ...	J'ai des douleurs ...
It hurts.	Ça me fait mal.
I don't feel well.	Je ne me sens pas bien.

I *can't sleep/eat/walk...*	Je n'arrive pas à dormir/ manger/marcher ...
I *want to go to the toilet.*	Il faut que j'aille aux toilettes.
I *feel sick/nauseous.*	Je me sens mal. / J'ai mal au cœur.
I *feel dizzy.*	J'ai la tête qui tourne.
I *have got spots.*	J'ai des boutons.
I *have been bitten/stung.*	Je me suis fait piquer.
I *have hay fever.*	J'ai le rhume des foins.
I *have asthma.*	Je suis asthmatique *or* Je fais de l'asthme.
He/She *needs an inhaler.*	Il lui faut un inhalateur.
He/She *is handicapped.*	Il/elle est handicapé(e).
paraplegic	paraplégique
I *have broken my leg/ankle/ wrist.*	Je me suis cassé la jambe / la cheville / le poignet.
Go *to bed early.*	Couchez-vous tôt.
Take *more exercise.*	Faites plus d'exercice.
Eat *less.*	Mangez moins.
Avoid *smoky rooms.*	Évitez les endroits enfumés.

Treatment *les remèdes*

An *injection / A jab for ...*	un vaccin contre ...
immunization	la vaccination *or* l'immunisation
innoculation	une injection
health certificate	un certificat médical
examination	un examen
x-ray	la radio (graphie)
radiation	la radiation
scan	le scanner
scan of the baby in the mother's womb	une échographie
MRI – Magnetic resonance imaging	une IRM (image par résonnance magnétique)
plaster	le plâtre
crutch	la béquille
walking stick	la canne
wheelchair	le fauteuil roulant
medication	un médicament
pill	un cachet *or* un comprimé
painkiller	un analgésique
vitamin supplement	un supplément vitaminique
cure	une cure
homeopathic remedy	un remède homéopathique
exercise	de l'exercice
physiotherapy	la kinésithérapie

| rest | le repos |
| sleep | le sommeil |

In the hospital   *à l'hôpital*

hospital	un hôpital
department	le service
emergency	les urgences
doctor	le médecin
nurse	un/une infirmier (-ère)
ward	le service
bed	le lit
anaesthetic	l'anesthésie
surgery	la chirurgie
operation	l'opération
operating theatre	la salle d'opération

13.4 Family planning

family planning	le planning familial
to have intercourse	avoir des rapports sexuels
contraception	la contraception
contraception method	une méthode contraceptive / un moyen de contraception
a condom	un préservatif / une capote (*very informal, short for* 'une capote anglaise', *i.e. a French letter*)

i The French for those 'preservatives' that one finds in processed food is 'conservateur'. Beware!

the Pill	la pilule / une pilule contraceptive
a coil	un stérilet
a diaphragm	un diaphragme
the morning-after pill	la pilule du lendemain
the abortive pill	la pilule abortive
an abortion	un avortement
a termination of pregnancy	IVG, i.e. Intervention Volontaire de Grossesse
a vasectomy	une vasectomie
an ovariectomy	une ovariectomie

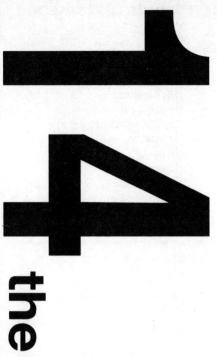

14

the wider world

14.1 Countries, continents and regions

world	le monde
earth	la terre
globe	le globe
atlas	l'atlas
Africa	l'Afrique
America	l'Amérique
North America	l'Amérique du Nord
Central America	l'Amérique centrale
South America	l'Amérique du Sud
Asia	l'Asie
Oceanie	l'Océanie
Australia	l'Australie
Polynesia	la Polynésie
Micronesia	la Micronésie
Melanesia	la Mélanésie
New Zealand	la Nouvelle Zélande
Europe	l'Europe
Arctic	l'Arctique
North Pole	le pôle Nord
Antarctic	l'Antarctique
South Pole	le pôle Sud
The middle East	le Moyen-Orient
The far East	l'Extrême-Orient
southern hemisphere	l'hémisphère Sud
northern hemisphere	l'hémisphère Nord
India	l'Inde
China	la Chine
Japan	le Japon

The countries of Europe   *les pays européens*

Scandinavia	la Scandinavie
Denmark	le Danemark
Finland	la Finlande
Norway	la Norvège
Sweden	la Suède
Iceland	l'Islande
Benelux	le Bénélux
Belgium	la Belgique
Netherlands	les Pays-bas
Luxembourg	le Luxembourg

Iberian Peninsula	la péninsule ibérique
Spain	l'Espagne
Portugal	le Portugal
British Isles	les îles britanniques
United Kingdom	le Royaume-Uni
England	l'Angleterre
Scotland	l'Ecosse
Northern Ireland	l'Irlande du Nord
Wales	le pays de Galles

Continental Europe   *l'Europe continentale*

Bulgaria	la Bulgarie
Greece	la Grèce
Turkey	la Turquie
Cyprus	Chypre
Germany	l'Allemagne
Poland	la Pologne
France	la France
Ireland	l'Irlande
Austria	l'Autriche
Italy	l'Italie
Czech Republic	la République tchèque
Slovak Republic	la République slovaque
Hungary	la Hongrie
Slovenia	la Slovénie
Switzerland	la Suisse
Lichtenstein	le Lichtenstein
Monaco	la principauté de Monaco

Baltic Republics   *les républiques baltes*

Latvia	la Lettonie
Lithuania	la Lithuanie
Estonia	l'Estonie
European Union, EU	l'Union européenne, UE
Common Market	le marché commun
European Communities, EC	les Communautés européennes, CE
Common Agricultural Policy, CAP	la politique agricole commune, PAC
euro	l'euro

The European institutions   *les institutions européennes*

Council of the European Union	le Conseil de l'Europe
European parliament	le Parlement européen

European Commission	la Commission européenne
European Court of Justice	la Cour européenne de justice
Central European Bank	la Banque centrale européenne
European Court of Auditors	la Cour européenne d'auditeurs
Economic and Social Committee	le Comité économique et social
Committee of the Regions	le Comité des régions

14.2 The high seas

Core vocabulary

The points of the compass   *les quatre points cardinaux*

north	le nord
south	le sud
east	l'est
west	l'ouest

The oceans   *les océans*

Atlantic	l'océan atlantique
Indian	l'océan indien
Pacific	l'océan pacifique
Arctic	l'océan glacial arctique
Antarctic	l'océan glacial antarctique

Seas   *les mers*

Mediterranean	la mer méditerranée
North Sea	la mer du Nord
Baltic	la mer baltique
Red Sea	la mer rouge
Dead Sea	la mer morte
English Channel	la mer de la Manche

navigation	la navigation
longitude	la longitude
latitude	la latitude
equator	l'équateur
tropics	les tropiques
time zone	le fuseau horaire
bay	la baie
island / isle	une île
peninsula	la péninsule
canal	le canal
Suez canal	le canal de Suez
Panama canal	le canal de Panama

strait	le détroit
Strait of Gibraltar	le détroit de Gibraltar
current	un courant
Gulf stream	le golf stream
tide	la marée
ferry	le ferry
liner	le transatlantique
cruise ship	le navire de croisière
tanker	le pétrolier
container ship	le porte-conteneurs
hazard	le risque
iceberg	un iceberg
shipping	le transport
shipping forecast	la météo marine
storm	une tempête
gale	un coup de vent
gale force 10	un coup de vent de force 10 (sur l'échelle de Richter)
rough sea	mer agitée à forte
calm sea	mer calme à peu agitée

Useful verbs

to board	embarquer
to embark	embarquer
to load	charger
to disembark	désembarquer
to unload	décharger

14.3 The weather forecast

Core vocabulary

weather forecast	les prévisions méteorologiques or le bulletin metéo or la météo
rain	la pluie
drizzle	le crachin
light drizzle	la bruine
shower	une averse
snow	la neige
wind	le vent
fog	le brouillard
mist	la brume

sun	le soleil
hail	la grêle
sleet	la neige fondue
thunder	le tonnerre
thunderstorm	un orage
lightning	la foudre
flash of lightning	un éclair
ice	la glace
frost	la gelée
white frost	la gelée blanche

Useful phrases

today	aujourd'hui
tomorrow	demain
over the next few days	pour les jours à venir
It is raining.	Il pleut.
sunny	il y a du soleil
warm	il fait chaud
cold	il fait froid
overcast	le temps est couvert
humid	il fait humide
mild	il fait doux
dry	il fait sec
wet	le temps est pluvieux
The weather is getting worse.	Le temps ne va pas s'améliorer.
improving	le temps va s'améliorer
You can expect …	Vous pouvez vous attendre à …
light/strong winds	des vents légers/forts
gales	des coups de vent
storm	de la tempête
sunny intervals	des apparitions du soleil *or* le soleil fera son apparition
morning mist	la brume matinale
fog patches	des nappes de brouillard
difficult driving conditions	les conditions de circulation sont difficiles
risk of flooding	risques d'inondation
Floods are forecast.	Des inondations sont prévues.
The temperature is rising/ falling.	Les températures augmentent/ chutent.

15

government and society

15.1 Politics and government

Politics   *la politique*

government	le gouvernement
democracy	la démocratie
state of Law	un état de droit
dictatorship	la dictature
monarchy	la monarchie
French Republic	la République française
President	le président (de la République)
Head(s) of state(s)	le chef de l'Etat (les chefs d'Etats)
Prime Minister	le premier ministre
Head of Government	le chef du gouvernement
Cabinet	le cabinet
Minister of the Interior	le ministre de l'Intérieur
Defence Minister	le ministre de la Défense
Chancellor of the Exchequer	le ministre des Finances
Justice Minister	le ministre de la Justice
Parliament	le parlement
Chamber	la chambre
member of elected parliament	le/la député(e)
member of the higher chamber (in France, le Sénat)	le sénateur / la sénatrice
constituency	la circonscription
election	les élections
vote	le vote / le suffrage
Ministry	le ministère
Foreign Office	le ministère des Affaires étrangères
Home Office	le ministère de l'Intérieur
Ministry of Education	le ministère de l'Education
city council	la municipalité *or* la Ville
town hall	la mairie *or* l'hôtel de ville (*larger cities*)
town/city councillor	le conseiller / la conseillère municipal/e
mayor	le maire

The armed forces   *les forces armées*

army	l'armée
soldier / tank / to march	le soldat / un tank / marcher
navy	la marine
sailor / warship / to sail	le marin / le navire de guerre / faire route

airforce	l'armée de l'air
airman / jet fighter / to fly	le pilote / le pilote de chasse / voler
police force	la police
policeman / police car / to arrest	le policier / un véhicule de police / arrêter
the war against terrorism	la lutte anti-terroriste
the war against organized crime	la lutte anti-gangs
terrorist attack	un attentat
suicide bomber	un attentat-suicide à la bombe
sea to air missile	missile mer-air

Useful verbs

to speak	parler
to make a speech	faire un discours
to canvass	faire du démarchage électoral / faire sa campagne
to debate	débattre de ...
to vote	voter
to pay taxes	payer des impôts
to defend	défendre
to fight	lutter contre
to guard	garder
to protect	protéger
to spy	espionner

15.2 Services and officialdom

Core vocabulary

police	la police
emergency services	les services d'urgences
ambulance	SAMU (Service d'Aide Médicale d'Urgence)
Fire brigade	les pompiers
Telephone failure / break down	les dérangements
Directory enquiries	les renseignements
electricity	E.D.F (Electricité de France)
gas	G.D.F. (Gaz de France)
water	les services de l'eau

mayor	le maire
town hall	la mairie or l'hôtel de ville (*larger cities*)
local council	le conseil municipal
roads	les services de la voirie
public transport	les transports en commun
tourist office	l'office du tourisme
council offices	les services municipaux
job centre	l'agence pour l'emploi
social services	les services sociaux
Inland Revenue	les services des impôts / le fisc
tax	un impôt / une taxe
tax payer	le/la contribuable
council tax / rates	les impôts locaux
bureaucracy	la bureaucratie
the small print	les petits caractères
civil servant	le/la fonctionnaire
civil service	la fonction publique
council/local civil servant	un agent des collectivités locales
paperwork	la paperasserie
pass	un laisser-passer
permit	un permis
residence permit	un permis de séjour
receipt	un reçu
proof of address	un certificat de domicile
driving licence	un permis de conduire
insurance	une assurance
medical insurance	une assurance médicale
insurer	un assureur
insured	un(e) assuré(e)
medical check	un check up or un examen médical complet
solicitor	un notaire or un avocat
lawyer	un juriste
criminal offence	un délit
court	un tribunal
sentence	une peine / une condamnation
fine	une amende
imprisonment	une incarcération / l'emprisonnement

Useful phrases

I have come regarding ...	Je viens vous voir au sujet de ...
I don't understand.	Je ne comprends pas.
I didn't know that ...	Je ne savais pas que ...
I have already supplied you with this document.	Je vous ai déjà fourni ce document.
I need help.	J'ai besoin d'aide.
Is there anyone who can help me?	Quelqu'un serait-il en mesure de m'aider ? *or* Quelqu'un pourrait-il m'aider ?
When are the offices open?	Quelles sont les heures d'ouverture des bureaux ?
Where do I need to go to get ...?	Où faut-il que je m'adresse pour ... ?
What do I need?	De quoi est-ce que j'ai besoin *or* Qu'est-ce qu'il me faut (comme papiers / comme documents / comme preuve etc.) ?
Where can I get it?	Où est-ce que je peux le trouver ?
It hasn't been stamped.	Vous n'avez pas le tampon.

15.3 Money

Core vocabulary

money	l'argent
currency	la monnaie
dollar	un dollar US / un dollar canadien
sterling	une livre sterling
euro	un euro
cash	le liquide
change	la monnaie
bank	la banque
bank account	le compte en banque *or* bancaire
current account	le compte courant *or* le compte-chèques
deposit	un versement
account number	le numéro de compte
bank sort code	le code de l'agence

cheque book	le chéquier
cheque	le chèque
credit card	la carte de crédit
signature	la signature
loan	le prêt (*lender's perspective*) ; l'emprunt (*borrower's perspective*)
overdraft	le découvert
overdraft interests	les intérêts de découvert
overdraft limit	la facilité de caisse
bank transfer	un virement
in credit	créditeur
in debit / in the red	débiteur / dans le rouge
debt	la dette
bankruptcy	la faillite
mortgage	l'emprunt hypothécaire
household insurance	une assurance sur la propriété

Stocks and shares *les titres et les actions*

stock market / exchange market	la Bourse / le marché d'échange
price	le prix
dividend	le revenu
profit	les bénéfices
loss	la perte
inflation	l'inflation
accounts	les comptes
accountant	le/la comptable
annual accounts	les comptes annuels
income tax	l'impôt sur le revenu

Useful verbs

to win	gagner
to lose	perdre
to make a gain	faire un bénéfice
to make a loss	perdre
to buy/sell shares	acheter/vendre des actions
to save	faire des économies
to apply	faire une demande
to be accepted	voir sa demande acceptée
to be refused	voir sa demande refusée

15.4 National holidays

Core vocabulary

Holidays   *les vacances*

school holidays	les vacances scolaires
paid holidays	les jours fériés
summer holidays	les vacances d'été
national holidays	les fêtes nationales

- **le 14 juillet**: called 'Bastille Day' in English, is *the* national French holiday. It celebrates the burning, on 14th July 1789, of the Bastille prison – the absolute symbol of monarchy – in Paris.
- **le 11 novembre**: commemorates the end of World War I on 11th November 1918.
- **le 8 mai**: commemorates the armistice that put an end to World War II on 8th May 1945.
- **le 1er mai**: (1st May, Labour Day) with traditional workers' associations and union marches. Also: the day when one buys a sprig of lily-of-the-valley for a friend/a loved one: 'le jour du muguet'.
- **le lundi de Pâques**: Easter Monday.
- **Pâques**: Easter
- **le jeudi de l'ascension**: Ascension.
- **le lundi de Pentecôte**: Pentecost Monday
- **la Toussaint**: (1st November – All Saints Day) traditionally the day when one goes to the cemetery with chrysanthemums for one's loved ones' graves.
- **Noël**: Christmas, December 25th.
- **le Nouvel An**: New Year.

15.5 Environmental issues

Core vocabulary

environment	l'environnement
environmentalist	un(e) environnementaliste
environmental issues	les questions d'environnement
environmental health	la santé environnementale
public health	la santé publique
housing	le logement / l'habitat
architect	un(e) architecte

builder	l'entrepreneur
town planner	un(e) urbaniste
planning permission	le permis de construire
building regulations	la règlementation en matière de construction
services	les services publics
water	l'eau
electricity	l'électricité
sewage	le tout-à-l'égout
water	l'eau
water level	le niveau d'eau
drinking water	l'eau potable
water supply	l'apport en eau
well	le puits
irrigation	l'irrigation
ecology	l'écologie
ecosystem	un écosystème
erosion	l'érosion

Foodstuffs *les aliments*

GM *modified*	les aliments génétiquement modifiés
organic	la culture biologique
artificial fertilizer	les fertilisants artificiels
nitrate	le nitrate
pesticide	le pesticide
poison	le poison
weedkiller	le désherbant

Pollution *la pollution*

environmental pollution	la pollution de l'environnement
acid rain	la pluie acide
air pollution	la pollution de l'air
car exhaust	les gaz d'échappement
detergent	le détergent
biodegradable detergent	le détergent bio-dégradable
disinfectant gas emissions	les émissions de gaz désinfectants
global warming	le réchauffement de la planète
greenhouse effect	l'effet de serre
nuclear testing	les essais nucléaires
ozone layer	la couche d'ozone
radiation	la radiation
radioactive waste	les déchets radio-actifs

radioactive waste recycling	le retraitement des déchets radioactifs
water pollution	la pollution de l'eau
ground water pollution	la pollution de la nappe phréatique

Power *l'électricité*

energy	l'énergie
nuclear power	l'énergie nucléaire
hydro-electric power	l'énergie hydro-électrique
solar power	l'énergie solaire
wind power	l'énergie éolienne
power station	une centrale nucléaire

Recycling *le recyclage*

| glass, aluminium cans, paper, plastic | le verre, l'aluminium, le papier, le plastique |
| compost | le compost |

Resources *les ressources*

natural resources	les ressources naturelles
sustainable resources	les ressources durables
renewable	les ressources renouvelables
the protection of the environment	la protection de l'environnement
of animals	la protection de la faune
of plants	la protection de la flore
national park/reserve	un parc national / une réserve nationale
protected area	une zone protégée
conservation area	une zone de conservation
listed building	un bâtiment classé
ancient monument	un monument historique
archeological site	un site de fouilles archéologiques

Useful verbs

to protect	protéger
to conserve	préserver
to destroy	détruire
to dispose of	se débarrasser de
to throw away	jeter

15.6 Religion

Core vocabulary

religion	la religion
faith	la foi
belief	la croyance
Buddhism	le bouddhisme
Christianity	la chrétienté
Hinduism	l'hindouisme
Islam	l'islam
Judaism	le judaïsme
I believe/ I don't believe in God.	Je crois / je ne crois pas en Dieu.
atheist	athée
Buddhist	bouddhiste
Catholic	catholique
Orthodox Chatholic	catholique orthodoxe
Christian	chrétien(-ne)
Hindu	hindou(e)
Jew	juif / juive
Moslem	musulman(e)
Quaker	quaker
Jehovah's witness	témoin de Jéhovah
God	Dieu
Buddha	Bouddha
Christ	le Christ
Mohammed	Mohammed
prophet	le prophète
Jehovah	Jéhovah
cathedral	une cathédrale
chapel	une chapelle
church	une église
mosque	une mosquée
temple	un temple
synagogue	la synagogue

Religious leaders   *les leaders religieux*

bishop	l'évêque
imam	l'imam
monk	le moine
nun	la nonne
priest	le prêtre

rabbi	le rabin
minister	le ministre
prayer	la prière
hymn	le cantique

Religious services *les services religieux*

mass	la messe
baptism	le baptême
christening	le baptême chrétien
communion	la communion
wedding	le mariage
funeral	l'enterrement

Useful verbs

to *attend church*	aller à l'église
to *attend the service*	aller au service
to *believe*	croire
to *pray*	prier
to *preach*	prêcher
to *kneel*	s'agenouiller
to *sing*	chanter
to *chant*	entonner
to *worship*	louer

15.7 Social issues

Core vocabulary

community	la communauté
charity	une association bénévole
social services	les services sociaux
social work	le travail social
quality of life	la qualité de la vie
financial problems	des problèmes financiers
poverty	la pauvreté
debt	la dette
psychological problems	les problèmes d'ordre psychologique
depression	la dépression
emotional deprivation	le sevrage affectif
insecurity	l'insécurité
loneliness	la solitude

mental health	la santé mentale
neglect	la négligence
racial tension	les tensions raciales
stress	le stress
unemployment	le chômage
environmental problems	les problèmes d'environnement
bad housing	un habitat insalubre
family problems	des problèmes familiaux
inner city	des quartiers défavorisés
lack of food / clean water / sewage	un manque de nourriture / d'eau potable / d'égouts
overcrowding	la surpopulation
unhealthy / sub-standard living conditions	des conditions de vie insalubres
help/ assistance	aide / assistance
social worker	le travaillleur social *or* le travailleur de rue

Useful verbs

to do charity work	être bénévole / travailler comme bénévole / faire du bénévolat
to counsel	conseiller
to assist	aider

16

the media

16.1 The press

Core vocabulary

the press	la presse
newspaper	le journal
magazine	le magazine
review	la revue
daily	un quotidien
weekly	un hebdomadaire
monthly	un mensuel
bi-monthly	un bi-mensuel
quarterly	une revue trimestrielle
yearly	une revue annuelle
publisher	un éditeur *or* une maison d'édition
editor	un éditeur
journalist	un/e journaliste
journalism	le journalisme
reporter	le/la reporter
correspondent	le / la correspondant(e)
special correspondent	un/une envoyé(e) spécial(e)
war correspondent	le/la correspondant(e) de guerre
critic	un critique
press agency	une agence de presse
front page	la première page / en première page
back page	la dernière page / en dernière page
headline	le gros titre / la Une
column	un éditorial
article	un article
brief report	une dépêche
advertisement	une publicité
notices	le carnet
obituaries	les décès
small ads	les petites annonces

News items   *les nouvelles*

natural disaster	une catastrophe naturelle
flood	une inondation
earthquake	un tremblement de terre

eruption of a volcano	un volcan en éruption
storm	une tempête
hurricane	un ouragan
tornado	une tornade
torrential rain	des pluies diluviennes
road accidents	les accidents de la route
car crash	un accident de voiture
collision	une collision
plane crash	un accident d'avion
terrorist attack	un attentat
demonstration	une manifestation
strike	une grève
fire	un incendie

16.2 Books

Core vocabulary

title	un titre
author	un auteur
writer	un écrivain
illustrator	un illustrateur
cartoonist	un(e) dessinateur(trice) de bande dessinées
paperback	un livre de poche
biography	une biographie
autobiography	une autobiographie
novel	un roman
short story	une nouvelle
dictionary	un dictionnaire
encyclopedia	une encyclopédie
atlas / guide book	un atlas
fiction	la fiction
non-fiction	une histoire vécue

Useful verbs

to write	écrire
to edit	éditer
to print	imprimer
to publish	publier
to sign	signer

Useful phrases

What sort of books do you like to read?	Quel genre de livres aimez-vous lire ?
Who is your favourite author?	Qui est votre auteur préféré ?
I like reading books about ...	J'aime lire des livres qui parlent de ... / qui traitent de...
I like reading books where ...	J'aime lire des livres où ...
I like reading books that ...	J'aime lire des livres qui ... que ...

Literary genres   *les genres littéraires*

mysteries	les romans policiers
novels	les romans
short stories	les nouvelles
epics	les épopées
essays	les essais
foreign literature	la littérature étrangère
poetry	la poésie

16.3 Cinema and television

Core vocabulary

The cinema   *le cinéma*

auditorium	un auditorium
screen	un écran
seat	un siège
foyer	le hall
ticket	le ticket
booking office	la caisse
big screen	le grand écran

Films   *les films*

thriller	un film de suspense
romance	une comédie romantique
love story	une histoire d'amour
historical film	une fresque historique
science fiction	un film de science-fiction
horror film	un film d'horreur
war film	un film de guerre
comedy	une comédie
detective	un policier

drama	un drame psychologique
adverts	la pub
the cast	les acteurs
a film star	une vedette
an actor/actress	un acteur / une actrice
a leading role	le premier rôle
a supporting role	le second rôle
a singer	un chanteur / une chanteuse
a dancer	un danseur / une danseuse
director	le metteur en scène / la metteuse en scène
producer	le producteur / la productrice
cameraman	le/la caméraman
sound recordist	le technicien / la technicienne du son
crew	l'équipe plateau
video rental	la location de cassettes vidéo
video	la cassette vidéo
DVD	le DVD
dubbed / subtitled	doublé / version originale sous-titrée
televison	la télévision
cable	le câble
satellite	le satellite
dish	une parabole
video recorder	un magnétoscope
DVD player	un lecteur DVD
remote control	la commande (à distance)
channel	la chaîne
credits	les crédits
commercials	la pub
cartoons	les dessins animés
children's programmes	les émissions pour les enfants
chat show	une émission de divertissement, avec des invités
documentary	le documentaire
feature film	un long métrage
game show	un jeu
news programme	une émission d'information
debate	une émission-débat
quiz	un jeu
soap	un feuilleton
weather forecast	le bulletin météo

news reporter	le reporter
news reader	le reporter
presenter	le présentateur / la présentatrice
interviewer	l'interviewer
commentator	le commentateur / la commentatrice
game show host	l'hôte / l'hôtesse
viewer	le téléspectateur
radio	la radio
station	la station de radio
programme	le programme
frequency	la fréquence
on FM	sur la FM (sur la FM (en modulation de fréquences))
on LW	sur les grandes ondes
on MW	sur les ondes moyennes
disc jockey	le DJ (*pronounce: 'dee-jay'*)

Useful verbs

to change channels	changer de chaîne
to channel-hop	zapper
to turn on/off the telly	allumer/éteindre la télé
to turn the sound up/down	monter/baisser le son
to broadcast	transmettre
to record	enregistrer

Useful phrases

What is your favourite programme?	Quelle est votre émission préférée ?
Do you like documentaries?	Vous aimez les documentaires ?
Who is your favourite presenter?	Qui est votre présentateur / présentatrice préféré(e) ?
He/She is partial/impartial.	Il/Elle est partial/impartial.

taking it further

Writing in French

When you type French using a PC, you can obtain accented letters in the following simple manner:

Ensure that the Num Lock green light is on. Press and hold the ALT key, and at the same time key in the three digit number that will give you the letter you require.

ALT + 130 = é	ALT + 131 = â
ALT + 133 = à	ALT + 140 = î
ALT + 136 = ê	ALT + 147 = ô
ALT + 135 = ç	ALT + 150 = û
ALT + 128 = Ç	ALT + 151 = ù
ALT + 138 = è	

Reading in French

The press on the Web *la press en ligne*

Most newspapers and magazines are on-line and their addresses are easy to guess – usually 'nameofthepaper.fr', or 'nameofthepaper.be' for Belgian publications, or 'nameofthepaper.ch' for Swiss publications, and 'nameofthepaper.ca' for Canadian French publications.

Here is a selection of French language papers available on-line:

www.lemonde.fr
Le Monde is a very serious, independent French daily newspaper. It is a production of the Le Monde group, a non-profit making association.

www.courrierinternational.com

A great weekly, *Courrier international* collects and selects a number of articles published throughout the world in various newspapers and magazines and translates them into French. A precious tool if one wishes to read and hear about different perspectives on the same matter!

www.ouest-france.fr

A good quality daily newspaper, *Ouest-France*, published in the whole of the West of France, i.e. Normandy, Brittany, Vendée, Charentes, Pays nantais, has recently gone on-line. It covers international, national, regional and local news (in that order, according to the French convention of journalism) and a number of great webcams for a taste of France *live*!

Listening to French

If you have satellite television, look for **TV5**, which is an international channel in French, with a compilation of programmes, news, talk-shows and films from around the *Francophonie*, i.e. the French-speaking world.

On LW, to the left of Radio Four you will find **France Inter** (162 kHz), a major public radio station; to the right, **Europa 1** (183 kHz), not a public station, but the same kind of mix of news, politics, songs, hosts, phone-in programmes, etc.

I hope you've enjoyed using this book. I am always keen to receive feedback from people who have used the book, so why not write to me and let me know your reactions? I'll be pleased to receive your positive comments, but I should also like to know if things could be improved.

You can contact me through the publishers at:
Teach Yourself, Hodder Headline Ltd,
338 Euston Road, London NW1 3BH, UK

I hope that you will want to build on your French and practise using your new vocabulary on your next trip to France.

Bonne chance!
Noël Saint-Thomas

teach
yourself

french
gaëlle graham

- Do you want to cover the basics then progress fast?
- Have you got rusty French which needs brushing up?
- Do you want to reach a high standard?

French starts with the basics but moves at a lively pace to give you a good level of understanding, speaking and writing. You will have lots of opportunity to practise the kind of language you will need to be able to communicate with confidence and understand the culture of speakers of French.

french grammar
robin adamson & brigitte edelston

- Are you looking for an accessible guide to French grammar?
- Do you want a book you can use either as a reference or as a course?
- Would you like exercises to reinforce your learning?

French Grammar explains the most important structures in a clear and jargon-free way, with plenty of examples to show how they work in context. Use the book as a comprehensive reference to dip in and out of or work through it to build your knowledge.

teach
yourself

french verbs
marie-thérèse weston

- Do you want a handy reference to check verb forms?
- Are you finding tenses difficult?
- Do you want to see verbs used in a variety of contexts?

French Verbs is a quick and easy way to check the form and meaning of over 3500 verbs. The clear layout makes the book very easy to navigate and the examples make the uses clear at the same time as building your vocabulary.

the A-Z of teach yourself language titles

Afrikaans
Arabic
Arabic Script, Beginner's
Bengali
Brazilian Portuguese
Bulgarian
Cantonese
Catalan
Chinese
Chinese, Beginner's
Chinese Language, Life & Culture
Chinese Script, Beginner's
Croatian
Czech
Danish
Dutch
Dutch, Beginner's
Dutch Dictionary
Dutch Grammar
English, American (EFL)
English as a Foreign Language
English, Correct
English Grammar
English Grammar (EFL)
English, Instant, for French Speakers
English, Instant, for German Speakers
English, Instant, for Italian Speakers
English, Instant, for Spanish Speakers
English for International Business
English Language, Life & Culture
English Verbs
English Vocabulary
Finnish
French
French, Beginner's
French Grammar
French Grammar, Quick Fix
French, Instant
French, Improve your
French Language, Life & Culture
French Starter Kit
French Verbs

French Vocabulary
Gaelic
Gaelic Dictionary
German
German, Beginner's
German Grammar
German Grammar, Quick Fix
German, Instant
German, Improve your
German Language, Life & Culture
German Verbs
German Vocabulary
Greek
Greek, Ancient
Greek, Beginner's
Greek, Instant
Greek, New Testament
Greek Script, Beginner's
Gulf Arabic
Hebrew, Biblical
Hindi
Hindi, Beginner's
Hindi Script, Beginner's
Hungarian
Icelandic
Indonesian
Irish
Italian
Italian, Beginner's
Italian Grammar
Italian Grammar, Quick Fix
Italian, Instant
Italian, Improve your
Italian Language, Life & Culture
Italian Verbs
Italian Vocabulary
Japanese
Japanese, Beginner's
Japanese, Instant
Japanese Language, Life & Culture
Japanese Script, Beginner's
Korean

Latin
Latin American Spanish
Latin, Beginner's
Latin Dictionary
Latin Grammar
Nepali
Norwegian
Panjabi
Persian, Modern
Polish
Portuguese
Portuguese, Beginner's
Portuguese Grammar
Portuguese, Instant
Portuguese Language, Life & Culture
Romanian
Russian
Russian, Beginner's
Russian Grammar
Russian, Instant
Russian Language, Life & Culture
Russian Script, Beginner's
Sanskrit
Serbian
Spanish
Spanish, Beginner's
Spanish Grammar
Spanish Grammar, Quick Fix
Spanish, Instant
Spanish, Improve your
Spanish Language, Life & Culture
Spanish Starter Kit
Spanish Verbs
Spanish Vocabulary
Swahili
Swahili Dictionary
Swedish
Tagalog
Teaching English as a Foreign Language
Teaching English One to One
Thai
Turkish
Turkish, Beginner's
Ukrainian
Urdu
Urdu Script, Beginner's
Vietnamese
Welsh
Welsh Dictionary
Welsh Language, Life & Culture
Xhosa
Zulu

available from bookshops and on-line retailers